アカデミック・スキルズ

実地調査入門
社会調査の第一歩

慶應義塾大学教養研究センター 監修
西山敏樹・常盤拓司・鈴木亮子

慶應義塾大学出版会

はじめに

　本書は、社会調査と統計分析の初心者（高校卒業程度の方を想定しております）が身につけるべき、調査・データ分析へ取り組む姿勢や最低限おさえておくべき学術的なスキルをまとめました。これから本格的に学術的に調査・分析作業を行う方の「入口」です。

　併せて、質問紙を作成したり、観察やインタビューを企画したが、実地に出てデータをどのように集めて分析すればよいか、さらにデータをどのようにレポートやプレゼンテーションにまとめればよいか、わからずにつまずいている方もいると思います。本書では、そうした方々にもわかりやすいように特にデータの収集法だけでなく、分析やプレゼンテーションの方法も後半にまとめました。

　この本の姉妹編には、『アカデミック・スキルズ　データ収集・分析入門　社会を効果的に読み解く方法』という中級編の本があります。基礎編である本書は「学部の1年生から2年生くらいのレポートでの調査・分析」がテーマで、社会調査の超基礎的な準備・実施からデータ収集・分析までの一連の手続きを説明した導入書になっています。一方の中級編は、「学部3年生から4年生、大学院生が行う本格的な学術研究論文（学部の卒業論文や大学院の修士論文、博士論文）での調査・分析」を対象にしています。このレポートと学術研究論文の決定的な違いは、学術研究論文に進めば進むほど、社会調査・統計分析を行う上での「社会的なマナーや倫理」を厳しく問われる点にあります。中級編では調査・分析の「入口」をおさえた方々が、本格的な学術論文を執筆するレベルに移行することを前提としました。そして、社会調査・統計分析のプロセスでより高い確かなレベルの研究活動を遂行できるよう、社会的なマナーおよび倫理を遵守するための方法論を詳説しております。

講義のレポートを書く段階の社会調査・統計分析の方法をまずは着実に身につけたい方、データの集め方自体で初心者の方には、本書の読破をお勧めします。そこが身につき、卒業論文以上の学位を得るための論文を書く段階になったら、社会調査・統計分析を実施する上での「社会的なマナーや倫理」をより厳しく問われますので、それらを詳説している中級編をお勧めします。最近の大学の学部や大学院の紹介文を読むと、育てたい学生の像に「社会的なマナーや倫理を遵守して確かなビジネスや研究をできる人間」を挙げるところが少しずつ増えてきました。この中級編は、いち早くその動向をとらえ社会的なマナーや倫理を遵守する社会調査・統計分析のポイントを紹介している、数少ない本になっています。是非このレベルまで進めるように姉妹編共々の読破を筆者は期待します。

　私はこれまで、大学院や大学で教鞭をとり、さまざまな大学院生や学部生の研究の指導を行ってきました。研究は、先行研究の洗い出し、自分自身の研究テーマを取り巻く社会的な背景の明確化および自らの研究目的の設定、研究を進める上でとるべき方法論の明確化、実際の市民への実地調査実施等、調べることのオンパレードです。就職しても、若い間は上司や先輩に「これについて調べておいて」と頻繁に言われます。政策づくり、ものづくり、サービスづくりの現場に出て市民の声を実際に集める役目も任せられるでしょう。

　要は、我々の社会生活と調べることは、切っても切れない関係にあります。調べることがない人生はありえません。『調（チョウ）』の漢字を分解すると、言（言葉や考えという意味）＋周（隅々まで行き届くという意味）から、「調」＝「隅々まで考えが行き届くこと」と解釈ができます。語源に従えば、調べるとは、あるテーマの隅々まで研究する者の考えが正確に行き届くようにするための重要な作業なのです。研究内容に誤りがないようにし、成果の隅々にまで研究者の考えが正確に反映されるように、我々研究者は絶えず調べております。

　ここまで書くと大げさですが、調べた結果は多くの人が見ます。そのデータがいい加減なものであれば、その後の見た人の行動すら間違った

ものにするかもしれません。ゆえに我々は質の高いデータを得られるように、よりよい調査を実施できるように努めたいものです。本書では、アカデミック・スキルズのシリーズとして、これから調査を行う初心者を主な対象に、調査の計画・実施とデータの分析の基礎について、事例をふんだんに交えわかりやすくまとめました。

　この本をまとめるにあたり、慶應義塾大学教養研究センターから多大なるご指導やご支援を得ました。併せて、多数の研究者のみなさまのご支援を得ましたこと、ここに御礼申し上げます。

　本書を読んだみなさまが、ご自身のすばらしい「調査＆データ分析の世界」を形作られ社会をより良くしていくための調査、データ分析を展開されることを心より希望しております。

2015 年 8 月 1 日
著者を代表して
西山敏樹

Contents

はじめに……………………………………………………………………… 3

第1章　実地調査ってなに？ …………………………………………… 9
1. 「調べる」の意味 ……………………………………………………… 10
2. 調査を用いたレポートを執筆し、発表まで行う場合の
   基本的な流れ ………………………………………………………… 11
3. 調べることが必要な場面 …………………………………………… 14
4. 実地調査を成功に導くためのポイント …………………………… 15
5. 実地調査のスケジュールと人数の問題 …………………………… 19

第2章　調べ方とデータのいろいろ ………………………………… 23
　　　　──どのようなデータを集めるのか
1. 同じ研究テーマでの調査方法の分類の事例
   「商店街活性化に向けたヒントを調べる場合」……………………… 24
   （1）「見る（観察する）」調査 ……………………………………… 26
   （2）「聞く」調査 ……………………………………………………… 27
   （3）「質問紙を配布して回答を得る」調査 ………………………… 29
   （4）「広く情報通信技術を介して回答を得る」調査 ……………… 30
2. データの種類について ……………………………………………… 31

第3章　調査の計画立案と準備 ……………………………………… 33
1. 事例から学ぶ「見る」調査（観察調査）…………………………… 34
2. 事例から学ぶ「聞く」調査（インタビュー調査）………………… 43
3. 事例から学ぶ「質問紙を用いた調査」……………………………… 52
4. インターネットを用いた社会調査 ………………………………… 60

第 4 章　データの分析 ……………………………… 69
1. 本章の位置付け ……………………………… 70
2. データ分析 ……………………………… 70
3. 表をつくる ……………………………… 73
4. 表の作成 ……………………………… 74
5. 分析 ……………………………… 76
6. Excel によるデータ分析の手順 ……………………………… 80

第 5 章　データの可視化 ……………………………… 83
1. 可視化できる要素 ……………………………… 84
2. チャート ……………………………… 85
3. 高度な可視化 ……………………………… 87
4. 可視化してみよう ……………………………… 89
5. アンケートの可視化 ……………………………… 105
6. 関係性の可視化 ……………………………… 107
7. まとめ ……………………………… 108

第 6 章　研究成果の発表について ……………………………… 109
1. 研究成果の発表の流れ（パワーポイントの流れ）………… 111
2. パワーポイント資料の作り方の三大基本事項 ……………… 112
3. 文字ベースのスライド資料の基本 ……………………………… 113
4. 絵や画像資料をベースとしたスライドの基本 ……………… 114
5. 式のスライドの基本 ……………………………… 115
6. グラフのスライドの基本 ……………………………… 116
7. 表のスライドの基本 ……………………………… 117
8. パワーポイントでのプレゼンテーション実行のポイント … 118
9. 調査の結果・分析をレポートや論文にまとめる際の注意点… 119

附録 ……………………………… 123
あとがき ……………………………… 139

第 1 章

実地調査ってなに？

この本がテーマとしている「調査」、すなわち「調べる」とは、一体どういうことなのでしょうか？　いくつかの辞書で「調べる」の意味を引くと、大体次のようにまとめられます。

1 「調べる」の意味

　わからないこと、あるいは、不確かなことについて、色々な方法を用いて確かめること。

　つまり「実地調査」とは、「わからないこと、あるいは、不確かなことについて、色々な方法を用い、研究テーマの最前線である現地に出向き確かめること」と定義づけられます。
　この本では、大学入学直後のみなさんがわからないことや不確かなことについて、どのように確かめていくのが正しい方法なのかを説き明かしていきます。通常大学では、自分自身の専門性を磨くために、興味のある講義を受講し、研究室に入り卒業論文を書いたり卒業制作（卒業論文の代わりにアート作品や物品の試作をすること）を行って、卒業します。
　この大学の4年間では、教員が講義の内容について多くのレポートを学生に課しますし、大学生活の集大成として卒業論文や卒業制作を行うことになります。まさに、わからないことや不確かなことについて色々な方法で確かめる、「調べる」プロセスが目白押しです。
　この本では、レポートを書いたり、卒業論文・卒業制作をまとめる過程で、わからないことや不確かなことを確かめるための「色々な方法」に着目して、以下でわかりやすく解説していきます。一言で「調べる」と言っても、「見る（観察する）調査」、「相手へじかに聞く調査」、「質問紙で答えてもらう調査」等、色々な方法があります。これらの様々な

方法を解説しており、実際に調べる段階になった時に立ち戻ってもらえる一冊に仕上げています。

　本書を読むことで、実地調査の初心者でも、様々なタイプの実地調査の基礎が身につきます。調査すべき項目の明確化、調査の計画、プリテスト（事前調査）、本調査の実施、結果の分析と考察、成果のプレゼンテーションまでの一連の基本的な流れをマスターできます。ここで学んだことを基に、社会的なルールや倫理面に配慮して、学部4年生位の卒業論文から大学院生の研究レベルについても学びたい方には、『アカデミック・スキルズ　データ収集・分析入門　社会を効果的に読み解く方法』という中級の本があるのでお勧めします。

2　調査を用いたレポートを執筆し、発表まで行う場合の基本的な流れ

　では、ここで「商店街活性化に向けた提案」を行うためのレポートを例にしながら、何らかの調査法を用いたレポートを執筆する際の基本的な流れについて考えてみましょう。流れと要点を図1にまとめてみました。

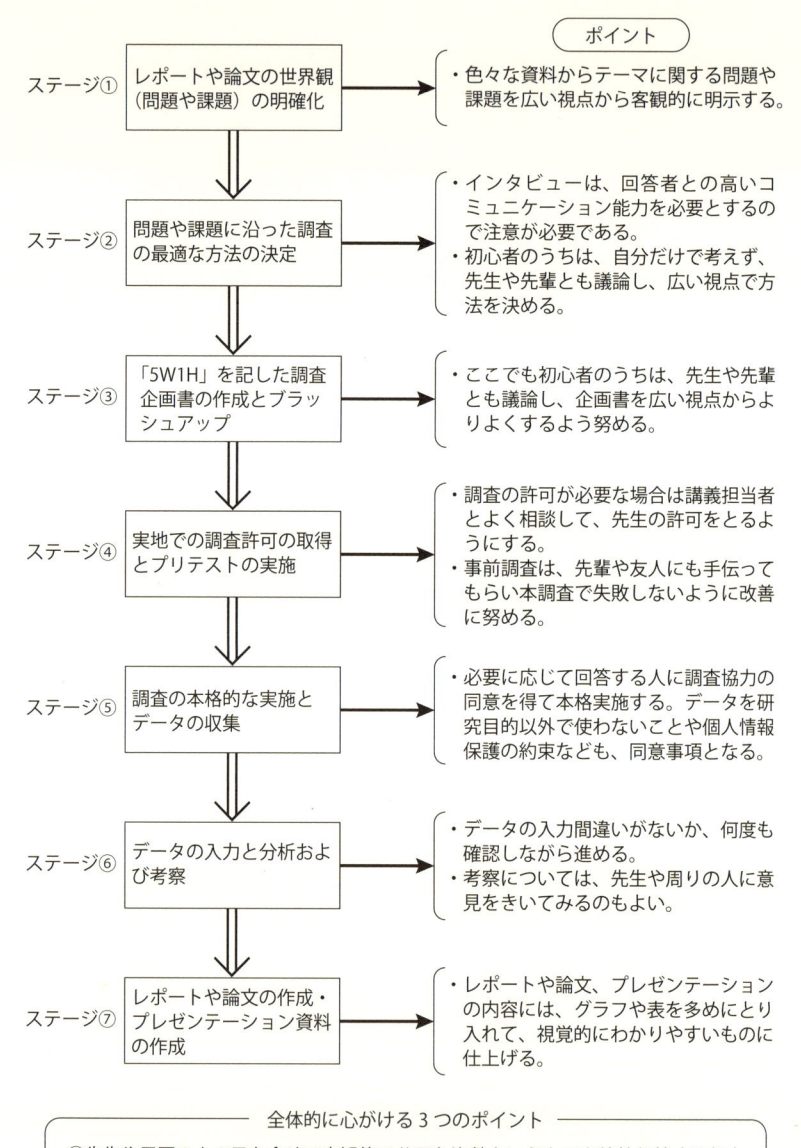

		ポイント
ステージ①	レポートや論文の世界観（問題や課題）の明確化	・色々な資料からテーマに関する問題や課題を広い視点から客観的に明示する。
ステージ②	問題や課題に沿った調査の最適な方法の決定	・インタビューは、回答者との高いコミュニケーション能力を必要とするので注意が必要である。 ・初心者のうちは、自分だけで考えず、先生や先輩とも議論し、広い視点で方法を決める。
ステージ③	「5W1H」を記した調査企画書の作成とブラッシュアップ	・ここでも初心者のうちは、先生や先輩とも議論し、企画書を広い視点からよりよくするよう努める。
ステージ④	実地での調査許可の取得とプリテストの実施	・調査の許可が必要な場合は講義担当者とよく相談して、先生の許可をとるようにする。 ・事前調査は、先輩や友人にも手伝ってもらい本調査で失敗しないように改善に努める。
ステージ⑤	調査の本格的な実施とデータの収集	・必要に応じて回答する人に調査協力の同意を得て本格実施する。データを研究目的以外で使わないことや個人情報保護の約束なども、同意事項となる。
ステージ⑥	データの入力と分析および考察	・データの入力間違いがないか、何度も確認しながら進める。 ・考察については、先生や周りの人に意見をきいてみるのもよい。
ステージ⑦	レポートや論文の作成・プレゼンテーション資料の作成	・レポートや論文、プレゼンテーションの内容には、グラフや表を多めにとり入れて、視覚的にわかりやすいものに仕上げる。

全体的に心がける3つのポイント

① 先生や周囲の人の目も含めて客観的で公平な姿勢というものを終始保持する努力
② 調査の「5W1H」を明確にしながら調査計画をしっかり立案
③ 事前調査（プリテスト）を必ず行い、本調査がうまくいくか検証

図1 調査を伴ったレポート・論文作成の流れ

まず、レポートのテーマの世界観、すなわち、どのような問題と課題がテーマの周辺に存在するかを知りましょう。新聞や文献（専門誌や本等）、図書館にあるデータベース（統計類）やインターネットの情報を駆使して、問題や課題を調べます。事例に沿うと、ここでは商店街というものを取り巻く一般的な問題、課題を明らかにするステージになるわけです。

　そこで、商店街を利用する多くの利用者の意見を集める必要があると判断できるならば、「質問紙を配布して回答を得る調査」や「情報通信技術を介して広く回答を得る調査」という量的な調査に進みます。また、利用者の買い物特性や商店街での移動の特性等に注力する必要があれば「見る調査」、質問紙では得られない一層深い利用者が考える商店街活性化のヒントを得る必要がある場合や商店街で商売を実際に行う方に深く意見を聞きたい場合等には「聞く調査」へと進みます。テーマの問題や課題に沿って、調査の方法を具体的に決めます。

　調査法が決まったら、用いる調査手法を前提の「5W1H」を決めて企画書をまとめます。企画書は、先生などの周辺の人にも適宜見てもらいながら、実施上の問題がないかを点検しながら、質を上げていきましょう。さらに調査の実施に実地を管理する人がいる場合は、主に文書で許可をとります。最後に、プリテスト（事前の試験的な調査のこと。これを行うことで調査が失敗しないか最終的に点検可能）を行い、本格的な調査実施となります。

　さらに、収集したデータをMicrosoft Excel等の統計分析ソフトに入力して、分析作業を行います。この成果をMicrosoft Word等のワープロソフトに含めレポートや論文にします。併せてMicrosoft PowerPoint等を用いてプレゼンテーションを行えるようにまとめます。特に最近では、調査・分析・発表の一連の流れを大学教育で重視する傾向にあり、本書もプレゼンテーションの要点について第6章で詳しくまとめておりますので、お読みください。

3 調べることが必要な場面

　一言に「実地調査」と言っても、色々な種類の調査があります。実地調査は、文字通り**「実地（調べたいテーマに関係が深い場所）に近づいたり、出向きながら、わからないことあるいは不確かなことについて、色々な方法を用いながら確かめること」**と定義できます。
　まず大学の1～2年生でよくある実地調査を伴うレポート課題としては、次のような事例があります。

(1) 実際に何かを観察して実態を記録する課題

　あるテーマ（高齢者の駅の中での移動状況、お店の中で高齢者が困っていること、生物の行動特性等）に関して変化を記録しながらレポートをまとめなさい、という課題。こういう時は、本書で取り上げている第3章1節の「見る調査」（観察調査）をよく読んでみてください。

(2) 実際にインタビューして街の声を集める課題

　あるテーマ（観光・交通・市民の購買・都市の緑化等、まちづくりに関係するテーマ等）に関して市民の声を聞きながらレポートをまとめなさい、という課題。こういう時は、本書で取り上げている第3章2節の「聞く調査」（インタビュー調査）をよく読んでみて始めましょう。

(3) 簡単な質問紙を配布しデータを集め分析する課題

　あるテーマについて、実際に質問紙を配布して回答者の意見を集め、その収集データを分析する課題。学部の1年生や2年生は、本格的に質問紙を配布し研究を行う学部3年生以上の活動の準備期間として、社会調査および統計分析の演習として行われる場合が多く、レポートのテーマも学生の興味のあることで設定してよい場合が多い。最近は、情報処

理関係の講義で、質問紙ではなく、インターネットを使ったデータ収集を学生にさせる講義も増えてきている。こういう時は、本書で取り上げている第3章3節「質問紙を用いた調査」から第3章4節「インターネットを用いた社会調査」までをよく読んでみてから始めましょう。

(4) 資料の検索に関する課題

あるテーマ（特定の政策や経済問題、法律の成立過程や国際紛争の解決プロセス等の社会科学的テーマ等）に関する過去の文献や新聞記事を検索して、それらの内容をまとめなさい、という課題。こういう時は「資料検索」という調べるプロセスが必要になります（ただし、こちらについてはアカデミック・スキルズシリーズ・『資料検索入門』を参考にしましょう）。

4 実地調査を成功に導くためのポイント

さて、調査には色々な方法がありますが、「すべての方法に共通する成功へのポイント」というものがあります。本章ではすべての調査法に共通する成功へのポイントを紹介します。

(1) 客観的で公平な姿勢というものを常に意識しながら調査を行うこと

調査をする人は、常に客観的（特定の立場にとらわれず、物事を見たり考えたりする姿勢）で、公平な姿勢（すべてのものを同じように扱うこと。特定の人や物事に偏っていないこと）を意識しながら調査を行う必要があります。例えば過去に次のようなケースがありました。

● 事例：客観性や公平性を失った調査の事例
・東京から札幌へ移動する場合に使いたい交通手段を市民を対象に調べるときに、調査を行う学生が趣味的に飛行機好きで、飛行機の利点を鉄道や船に比べて誇大に伝えてしまったケース。
・今後の電力開発のあり方を市民を対象に調べるときに、学生が太陽光や小水力等の再生可能エネルギーを進めるべきだと考え、原子力発電でのデメリットを強調しすぎてしまったケース。
・ある土地の望ましい活用法について市民を対象に調べるときに、調査を行う学生が農地を広めるべきだという考えをもっていたため、住宅地にするメリットを適正に伝えなかったケース。

　みなさんは、自分に限ってそんなことはない、と思ったかもしれません。しかしこれらは、実際にあったことです。我々人間は、やむなく特定の感情や思想を持ちますし、調査の初心者の時ほど、それらに影響されるものです。言い換えれば、調査の経験を積まないと、特定の感情や思想にとらわれない客観的で公平な調査への姿勢は養われないと言えます。
　特定の感情や思想を排除し、客観的で公平な姿勢で調査に臨むことで、色々なバイアスがなくなり、質の高い公正な役立つデータがはじめて得られます。上記の事例のように物事のメリットやデメリットを回答者へ伝えるときは、それらを客観的かつ公平に伝えられるかどうかを事前に複数のメンバーでチェックしておくことが反省材料でした。調査は一人よがりに進めることが一番危険で、複数の眼を含めることが成功へのポイントになります。

(2) 調査の「5W1H」を明確にしながら調査計画をしっかり立案すること

　調査を成功に導く二つ目のポイントは、調査の「5W1H」を明確にしながら調査計画をしっかり立案することです。要は、次の各点を常に考えつつ調査計画を立案することです。

● すべての調査の計画で重要な「5W1H」

・What／Which

　何を調べるか、どれを調べるか→調べる項目の吟味。

・Where

　どこで調べるか→調べる場所の吟味。

・When

　いつ調べるか→調べる日時の吟味。

・Who

　誰に調べるか→調べる相手の吟味。

・How

　どのように調べるか→調べる方法の吟味（どの調査手法を用いるのか）。

　調査の計画の段階で、これら5W1Hのすべてを明確にしておかない限り、準備もうまくいかなくなりますし、その先の調査実施段階にもうまく進むことができなくなります。併せて、1人で5W1Hを意識しながら調査計画を立案しても、それが妥当かどうかをしっかり評価することも必要です。大学の研究室であれば、研究室の教員や先輩・同級生等に計画の案をチェックしてもらえばよいと思います。他の人の視点を入れることが大切です。

（3）事前調査（いわゆるプリテスト）を必ず行い、本調査がうまくいくかを予め検証すること

　どんな調査を行うにしても、本調査の前に余裕をもって事前の調査（これをプリテストと言います）を行うことが大切です。プリテストを行うと、本調査で失敗してはいけないことや失敗しそうなことが予めわかるので、とても重要です。例えば、街頭で調査を行う場合に人通りが予想以上に多いので本調査ではそれに気をつけて行う、また、調査を行う場所では子どもの行き来が意外と多くそれに配慮して調査を安全に行うことが必要等、スムーズに本調査を進める上での実地ならではの情報を得ることができます。みなさんは、プリテストを行い本調査が失敗しな

いか試しておくことが大切です。プリテストを行うことで、本調査をより効果的に行う上でのポイントも抽出することができ、結果を本調査に反映させることが大切です。

●事例：事前調査の効果
・街頭で、大学の後輩3名に手伝ってもらい市民を対象に好きなゆるキャラを調べようとしたら事前調査で3名の質問の仕方が異なっていることがわかり、本調査では聞き方を統一できた。
・質問紙を用いて調査をしようとしたら、事前調査で回答者の一部が質問紙の文言の解釈を誤解する事例を発見できて、本調査ではその文言を誤解の起きにくいものに変更できた。
・駅で許可をとり乗客の流動の量をカウントしようとしたら、事前調査から計画していた場所を貨物の台車が多く通ることがわかり、本調査ではカウントしやすい別の場所に改めた。

こうして、事前調査を行うことで本調査を成功に導き、データの質をより高めることが可能です。本調査の前に、余裕をもって事前調査を行う習慣をつけるようにしてください。
どんな調査をするにしても、この三つのポイントを常に心得ながら作業を進めましょう。

>―――――――――――――――――――――
●いかなる調査をするにしても意識しておくべき「成功への三大ポイント」
(1) 客観的で公平な姿勢というものを常に意識しながら調査を行うこと
(2) 調査の「5W1H」を明確にしながら調査計画をしっかり立案すること
(3) 事前調査（いわゆるプリテスト）を必ず行い、本調査がうまくいくかを予め検証すること
―――――――――――――――――――――

5 実地調査のスケジュールと人数の問題

　実地調査のスケジュールと人数の件については、学部生のレポートの水準を考えると、おおむね図2や図3の通りになります。図2が一人で行う場合、図3が2ないし3人のグループで行う場合です。通常は、教員も無理のない範囲で図2や図3のイメージで実地調査を伴うレポートを出題するはずです。グループで実地調査を行う場合には、一人の時と異なり人数分の作業上のボリュームを求められることが通常で、その分たくさんの時間をかけてじっくり行わないといけなくなります。

　基本的な流れは、一人で行う場合、2ないし3人のグループで行う場合、いずれも同じになります。つまり、(1) テーマとする事項で何が掘り下げるべき調べる必要のある問題なのか、(2) その中で特に現在調べておく必要のある優先度の高い問題の選び出し、(3) 5W1Hを記した調査企画書の作成と周囲の人々との議論によるブラッシュアップ、(4) 実地調査許可の取得とプリテスト実施、(5) 本調査の実施、(6) 取得したデータの入力及び分析、(7) 考察を行いレポートや論文、プレゼンテーションファイルの作成、という流れになります。通常2ないし3人で行う場合、特にデータの量が求められるので、定量調査の代表格である質問紙調査では他の質的な調査に比べ時間がかかりますし、それなりに時間をかける必要があると覚えておきましょう。

　教員が一人で行うよう指示した場合には致し方ありませんが、もしそういう制約がない場合には、2ないし3人で実地調査をした方が効果的です。「三人寄れば文殊の知恵」と言いますが、やはり3人くらいで行うと実地調査そのものを一層客観的に見られ、効果的で効率的に行う知恵が出てくるものです。特に、聞く方法・見る方法・質問紙で調べる方法でのすべてでバイアス（一人で行うことでついつい偏りや主観が出ること）を取り除くことに数人での作業は有効です。例えば、政治学である

人の政治的志向に沿う回答が出ないよう誘導的な質問を予め排除する上で有効なことは容易に想像がつくと思います。実地調査を行う場合には、数人で広い視野から透明性や客観性を高めることが偏りの排除につながり調査の質を高めるのに極めて大切ですから、このことは是非覚えておいてください。

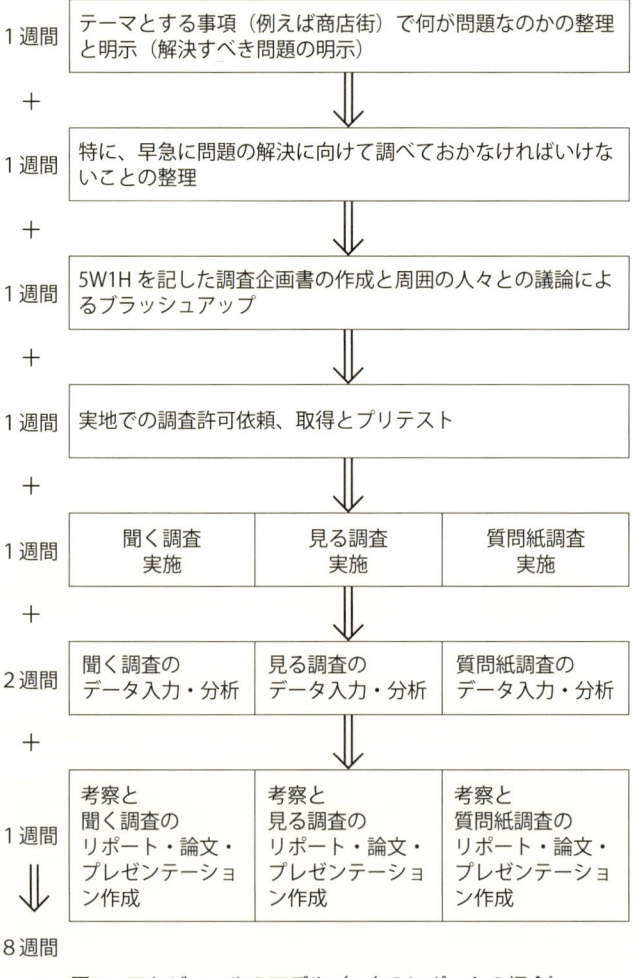

```
1週間    テーマとする事項（例えば商店街）で何が問題なのかの整理
         と明示（解決すべき問題の明示）
  ＋                        ↓
1週間    特に、早急に問題の解決に向けて調べておかなければいけな
         いことの整理
  ＋                        ↓
1週間    5W1Hを記した調査企画書の作成と周囲の人々との議論によ
         るブラッシュアップ
  ＋                        ↓
1週間    実地での調査許可依頼、取得とプリテスト
  ＋                        ↓
1週間    聞く調査         見る調査        質問紙調査
         実施             実施            実施
  ＋                        ↓
2週間    聞く調査の       見る調査の      質問紙調査の
         データ入力・分析 データ入力・分析 データ入力・分析
  ＋                        ↓
1週間    考察と           考察と          考察と
         聞く調査の       見る調査の      質問紙調査の
         リポート・論文・ リポート・論文・ リポート・論文・
         プレゼンテーショ プレゼンテーショ プレゼンテーショ
         ン作成           ン作成          ン作成
  ↓
8週間
```

図2　スケジュールのモデル（1人のレポートの場合）

```
1週間  ┌─────────────────────────────────────────────┐
       │ テーマとする事項（例えば商店街）で何が問題なのかの整理 │
       │ と明示（解決すべき問題の明示）              │
       └─────────────────────────────────────────────┘
  ＋                    ↓
1週間  ┌─────────────────────────────────────────────┐
       │ 特に、早急に問題の解決に向けて調べておかなければいけな │
       │ いことの整理                                │
       └─────────────────────────────────────────────┘
  ＋                    ↓
2週間  ┌─────────────────────────────────────────────┐
       │ 5W1Hを記した調査企画書の作成と周囲の人々との議論によ │
       │ るブラッシュアップ                          │
       └─────────────────────────────────────────────┘
  ＋                    ↓
2週間  ┌─────────────────────────────────────────────┐
       │ 実地での調査許可依頼、取得とプリテスト      │                 （ここまでは共通）
       └─────────────────────────────────────────────┘
  ＋    2週間       2週間       2週間
       ┌──────┐  ┌──────┐  ┌──────┐
       │聞く調査│  │見る調査│  │質問紙調査│
       │ 実施 │  │ 実施 │  │ 実施  │
       └──────┘  └──────┘  └──────┘
       2週間       2週間       2〜3週間
       ┌──────┐  ┌──────┐  ┌──────┐
       │聞く調査の│ │見る調査の│ │質問紙調査の│
       │データ入力│ │データ入力│ │データ入力 │
       │・分析   │ │・分析   │ │・分析    │
       └──────┘  └──────┘  └──────┘
       2週間       2週間       2週間
       ┌──────┐  ┌──────┐  ┌──────┐
       │考察と   │ │考察と   │ │考察と    │
       │聞く調査の│ │見る調査の│ │質問紙調査の│
       │リポート・│ │リポート・│ │リポート・ │
       │論文・   │ │論文・   │ │論文・    │
       │プレゼンテ│ │プレゼンテ│ │プレゼンテ │
       │ーション │ │ーション │ │ーション  │
       │作成    │ │作成    │ │作成     │
       └──────┘  └──────┘  └──────┘
       12週間     12週間     12〜13週間
```

図3　スケジュールのモデル
（2〜3人くらいのグループレポートの場合、
複数の場合はそれなりのボリュームが求められる）

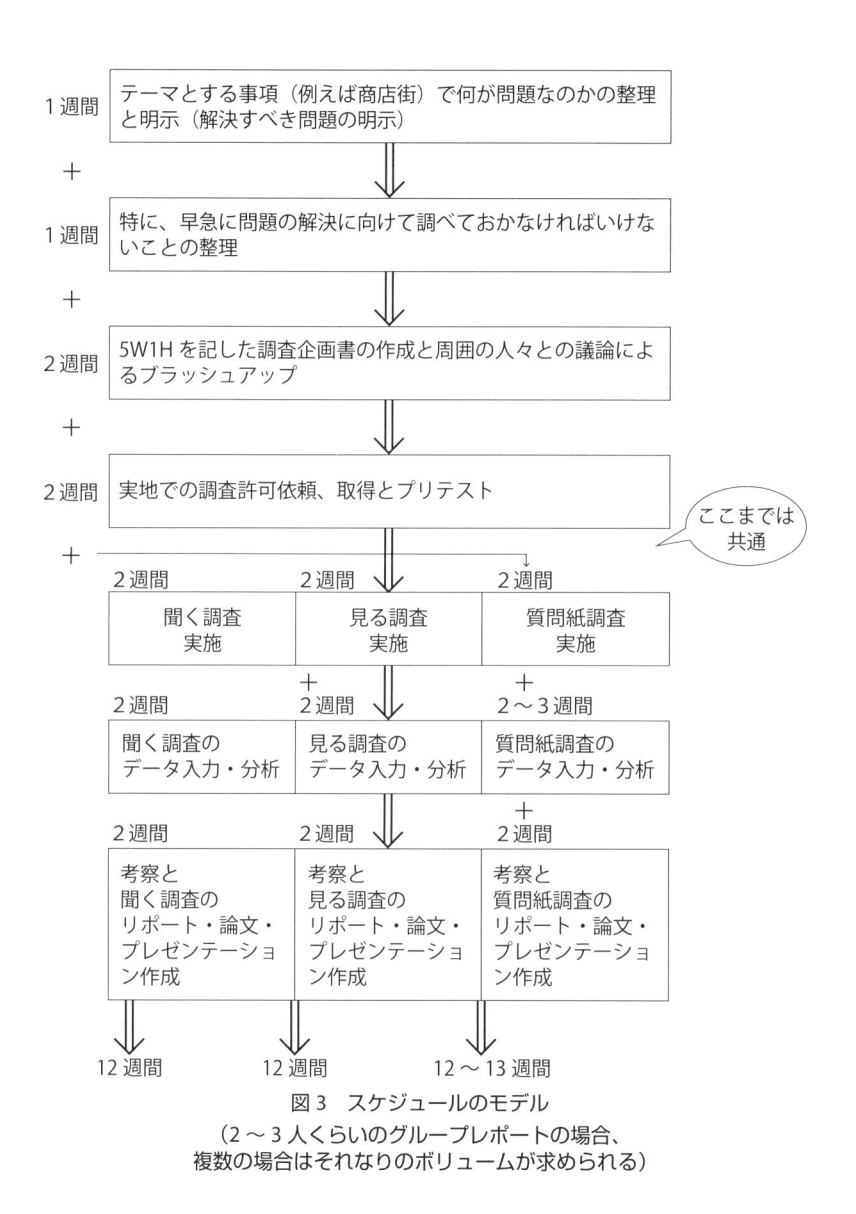

第 2 章

調べ方とデータのいろいろ
――どのようなデータを集めるのか

「調べる」と一言で言っても、色々な方法があります。5W1Hの「How」が方法論ですが、どのようなデータを集めるかによって、大きくとるべき調査の方法論が変わってきます。

　つまり、調べ方とデータの種類は密接に関わっているのです。ここでは、「調べる」を「見る（観察する）」、「聞く」、「質問紙を配布して回答を得る」、「情報通信技術（インターネット等）を介して広く回答を得る」の4種に分け、それぞれで得られるデータの種類と調査の留意点等を説明します。ただ、いきなりそれぞれの調べ方を見る前に、どのような場合にどの調査法が適しているのかを知る必要がありますので、事例を見ながら理解していきましょう。

1 同じ研究テーマでの調査方法の分類の事例「商店街活性化に向けたヒントを調べる場合」

　一般的にデータの分類は次のようになります。「商店街活性化に向けたヒントを調べる場合」について、図4をみてみましょう。例えば、商店街を利用する多くの利用者の意見を集めるならば、「質問紙を配布して回答を得る調査」や「情報通信技術を介して広く回答を得る調査」が効率よく多くのデータを集められます。これらは、多くの人からデータを集めるのに向いています。一方、利用者の買い物特性から活性化のヒントを得る場合なら「見る調査」、質問紙では得られない一層深い利用者が考える商店街活性化のヒントを得たい場合や商店街で商売を実際に行う方に深く意見を聞きたい場合は、「聞く調査」が適しています。つまり、社会調査の対象者が少なくても、量よりデータの質を重視して時間をかけながら深く意見を聞きたい場合には、「見る調査」及び「聞く調査」を実施することになります。

　みなさんは、集めるデータの量を増やしたい場合は、「質問紙を配布し

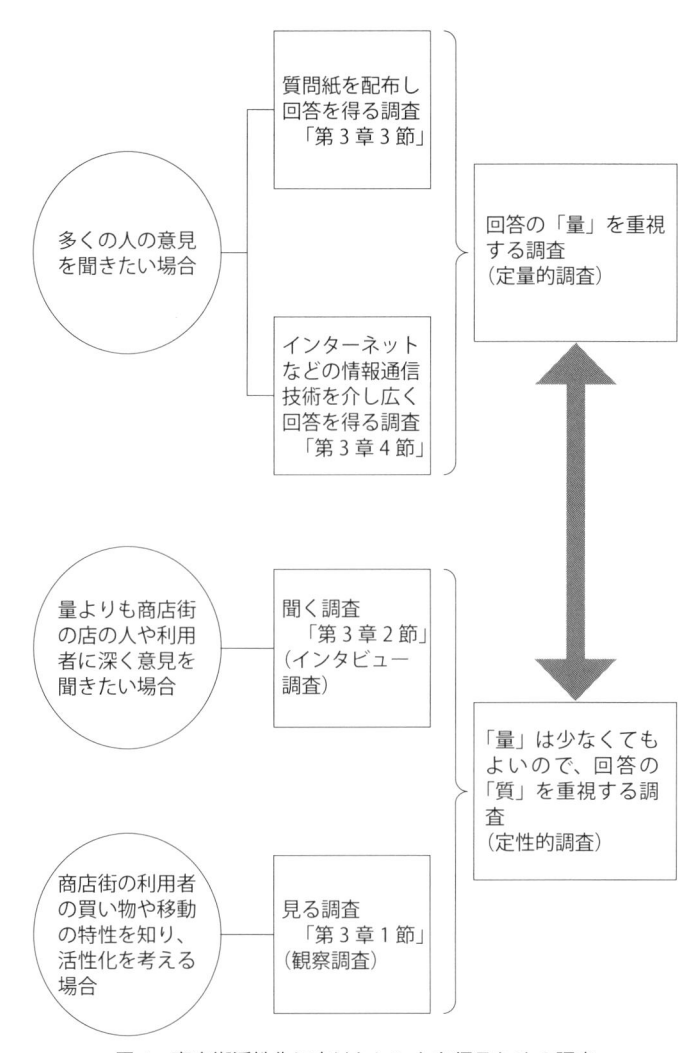

図4　商店街活性化に向けたヒントを得るための調査

- 多くの人の意見を聞きたい場合
  - 質問紙を配布し回答を得る調査「第3章3節」
  - インターネットなどの情報通信技術を介し広く回答を得る調査「第3章4節」

  → 回答の「量」を重視する調査（定量的調査）

- 量よりも商店街の店の人や利用者に深く意見を聞きたい場合
  - 聞く調査「第3章2節」（インタビュー調査）

- 商店街の利用者の買い物や移動の特性を知り、活性化を考える場合
  - 見る調査「第3章1節」（観察調査）

  → 「量」は少なくてもよいので、回答の「質」を重視する調査（定性的調査）

第2章　調べ方とデータのいろいろ

て回答を得る調査」や「情報通信技術を介して広く回答を得る調査」を用いると覚えましょう。そして、集めるデータの量よりも質を重視して、質問紙に回答するだけでは出てこないような情報を集めようとする場合には、「見る調査」や「聞く調査」をじっくり行うものだと覚えましょう。

それでは、実際に上記の4種類の調査法について、その概要をみていきたいと思います。

(1)「見る（観察する）」調査

小学校の時、多くの人が行う夏休みの宿題として、「朝顔の成長日記」というものがあります。これは、多くの日本人が人生で初めて行う本格的な調査でしょう。夏休みの一定の期間、先生から渡された記録用紙に朝顔の花の色や大きさ、咲き具合、葉のようす、天候等を細かく記録した読者の方々も多いと思います。これこそ見る調査＝観察調査の原点です。

見る調査は、朝顔の成長日記のように一定のテーマ（人や物事など）の変化を追う時に効果的です。見る調査では、そうした一定のテーマの変化を記録したものがデータになります。

● 「見る調査」の実例
・天体観測調査
・川の流量調査
・高齢者の街中での歩き方特性の調査
・動物や植物の成長具合を見て、記録する調査
・駅やショッピングセンター等での人の流動量の調査（交通量調査の一種）

見る調査には、以上のように様々なものがあります。意外と身近なものが多いと感じた方も多いと思います。あらゆる見る調査に共通して、「観察の結果をつけるための用紙」（次の章で詳しく述べます）、「用紙に記録しやすくするためのボード」、「記録用のペン類」は三種の神器です。

これに調査の目的に応じ、天体観測調査であれば専用の天体望遠鏡、川の流量調査であれば専用の測定計、高齢者の街中での歩き方特性の調査及び動物や植物の成長具合の調査であればカメラやビデオ、人々の流動量の調査であればカウンタを追加していきます。

　最近は、カメラやビデオもデジタルカメラが主流となり、撮影したものもコンピュータの中に取り込みやすくなりました（かつては、フィルムカメラで撮影したものをスキャナという装置でデジタルデータに変換していました）。デジタルデータであれば、論文や発表の資料をMS-WordやMS-PowerPointなどを用いて作るときも、貼付しやすくなります。

(2)「聞く」調査
　「聞く」調査は、文字通り、人に一定の物事に対する意見や志向等を深くたずねる調査です。「聞く」調査は、母集団が小さいグループについて調査をするとき、また、調査票で定量的に調べたことについて個々の肉声を細かく拾いたいとき等に有効です。調査をする人と回答をする人が1対1で行う個人インタビュー調査、調査をする人と回答する人が1対多数（6名から8名程度）で行うグループインタビュー調査に分けられます。「聞く」調査の一番身近な例は、テレビのニュースで、聞き手が市民へ特定の政治問題や社会問題等に対する意見を求めているものです。「聞く調査」の例には次のものがあります。

● 「聞く調査」の実例
・今後、スマートフォンにほしい機能と改善してほしい機能の個人インタビュー調査
・公共施設でのユニバーサルデザイン推進に向けた高齢者への個人インタビュー調査
・日々の運動状況と開発してほしいスポーツドリンクに関する個人インタビュー調査
・新幹線および特急列車に加えてほしい新しいサービスのグループイン

タビュー調査
・デパートやショッピングセンターのトイレ改善に関するグループインタビュー調査
・女性が働きやすい環境を作り上げるために必要なことのグループインタビュー調査

　個人インタビュー調査は、一人の回答者に対して集中的にそのテーマに関して質問をします。
　ゆえに、回答者一人に肉迫して深く掘り下げられた回答を得ることに適した調査法です。

　一方、グループインタビュー調査は、6名から8名の回答者一人ひとりの意見や志向を質問すると共に、その個人間の共通項や差異を見るのに効果的な方法です。同時に、回答者同士のやりとりから、グループインタビューのテーマに対する回答者側の日常的思考や関連する経験・体験等も読み解くことができます。このやりとりから得られる情報を動的情報（会話のやりとりという一種の動きから生まれる情報だからこういいます）と呼びます。

　聞く調査には、以上のように様々なものがあります。政策作りやもの作り、サービス作り等の場面で多く用いられています。あらゆる聞く調査に共通で、「予め質問項目と発話内容を記せるようにしておいた質問シート」、「記録用ペン類」、「録音機材（またはデジタルビデオ）」は三種の神器です。これに調査目的に応じ政策関連の聞く調査であれば新政策の選択肢やそのメリット・デメリット等を説明した資料、新しい製品開発関連や新しいサービス開発関連の調査であれば、新製品の複数のアイデアやそれらのメリット・デメリット、価格の案、いつどこで購入ができるのか等を説明した資料などを別途加えていくことになります。

　聞く調査では、通常得られたデータとして「発話録」（聞き手と回答

者の一言一句を丁寧に記録したドラマの台本のようなもの）と、「議事録」（発話録のダイジェスト的なまとめの記録文書）を作成します。この発話録や議事録から、聞いたテーマに関して重要なワード等を抽出・カウントし（この抽出・カウントを内容分析といいます）、言えることをすべて洗い出し、聞く調査の成果としてまとめます。最近では、録音用機材及び録画用ビデオの録音・録画データがデジタル方式で保存されるようになっており、パソコン上にも簡単に取り込むことが可能です。これを文字化することで発話録や議事録をまとめやすくなっています。

(3)「質問紙を配布して回答を得る」調査

「質問紙を配布して回答を得る調査」は、大学の研究活動でも最も代表的な調査の方法です。国勢調査の調査票を自宅で見たことのある読者も多いと思いますが、質問紙に聞きたい項目をまとめ、配布された者はそれに回答を記入する形になります。質問紙を大量に配布することができれば、記入された回答から、量的に豊富なデータを効率よく入手することができます。一方、聞く調査のグループインタビューのように、回答者側の会話から生じる動的情報の取得は期待できず、質問紙上に記載した項目への回答しか得られません。

● 「質問紙を配布して回答を得る」調査の実例
・1週間の移動状況の質問紙調査
・好きなデザートと今後ほしいデザートの質問紙調査
・子育て主婦の悩みや必要な教育政策に関する質問紙調査
・新建設の市民センターに盛り込むべき機能や設備の質問紙調査
・最近3年間の旅行経験と今後開発すべき旅行商品の質問紙調査

事例を見ればわかるように、大量の市民の声を聞き、それを分析・整理した上での問題の解決や政策・製品・サービスの新たな開発場面等で多用されているのが質問紙の調査です。

質問紙での調査の準備については、次の章で具体的に述べますので参

考にしてください。

(4)「広く情報通信技術を介して回答を得る」調査

　「広く情報通信技術を介して回答を得る」調査も、最近は多用されるようになってきました。1995年くらいから、日本の国内でも本格的にインターネットが普及するようになりました。質問紙調査では、全国へ質問紙を多数配布するとなると、往復輸送や回答者抽出に一定のコスト、すなわち資金や時間がかかることになります。ところが、電子メールを一斉に回答者候補へ配布して、回答を記入できるWebサイトに誘導し回答してもらえれば上記の資金や時間を大きく削減することが可能になります。インターネットは、地理的な遠さを感じさせない文明の利器ですが、調査の場面でも効果的に利用されつつあるのです。

● 「広く情報通信技術を介して回答を得る調査」の実例
・リアルタイムお天気調査
・今日のファッション調査
・乗車中の電車の空調体感調査
・今夜の食事や飲酒のリアルタイム動向調査
・回答者の携帯電話やスマートフォンに電話をかけ、かかったときにどこで何をしていたかを指定アドレスへメールで画像つきで送信してもらう形の若者のリアルタイム行動調査

　最近は、携帯電話・スマートフォン・iPadのようなタブレットコンピュータ・ノートパソコンなどを日常的に持って移動して、いつでもインターネットにつながる環境にあります。インターネットを用いることで、その場ですぐに回答することへのストレスが、質問紙に比べて大きく減りました。ゆえに、リアルタイムで場所を特定しないで市民の動向を把握する上では、インターネット等の情報通信手段を有効活用した調査が大きな力になります。

　ただし、学会でも大きな議論になっていますが、いまだ「インター

ネット等の情報通信手段を有効かつ積極的に活用しているのは10代〜30代くらいで、中年から老年層の有効回答を得にくい」という意見も、根強くあります。こうした点は加味する必要があります。

2 データの種類について

(1)「定性調査・定性データ」と「定量調査・定量データ」

　これまで、調査の種類について述べてきましたが、得られるデータも様々です。一般に「見る調査」と「聞く調査」のデータは、量は稼ぎにくいのですが、その分データの質や深さは追求しやすい特徴があります。例えば、グループインタビューでの動的情報や観察でその場面でしか得られない情報等、豊かで深い質が高い情報を得られやすいといえます。こうした調査を「定性調査」といい、得られたデータを「定性データ」といいます。「定性」とは、調査対象の感情や特性、性格など、一般に数値化ができない状況のことを指します。

　一方で、「質問紙を配布して回答を得る調査」や「広く情報通信技術を介して回答を得る調査」は、質問紙やインターネット等によってデータの量を稼ぎやすいのですが、データの質は追求しにくい特徴があります。質問紙やインターネットでの調査では、調査対象との直接的な接触が得られないため、臨場感のある行間的なデータまでは十分に得られません。こうした調査を「定量調査」といい、得られたデータを「定量データ」といいます。「定量」とは、上で述べた「定性」に対して、数値として把握できるデータのことを指しています。

(2)「質的データ」と「量的データ」という分類

　私たちは、情報の一つのまとまりを「データ」と呼んでいます。データは「質的データ」と「量的データ」という分類もされます。質的デー

タは、加減乗除、つまり足し算・引き算・かけ算・わり算の四則演算ができないデータを指します。質問紙調査で、「女性は1に○を、男性は2に○をつけてください」という設問があるとしましょう。ここで、1の女性と2の男性を四則演算しても、何か意味のある情報が出てくるわけではありません。つまり「個々に与えられた数字を四則演算しても何の意味もない情報」が、質的データなのです。質的データは、さらに「名義尺度」と「順序尺度」に分けられます。名義尺度は、1. 女性・2. 男性のように、一定の分類を表しているだけで選択肢の並びにも意味がないものをいいます。これに対し順序尺度の方は、1. 大変よい、2. ややよい、3. やや悪い、4. 非常に悪い、というように、一定の分類となっており、選択肢の並びには意味があるデータを指します。

「量的データ」は、「質的データ」に対し、四則演算ができるものをいいます。例えば、「人の体重や身長」、「物品の金額や利潤」、「列車の速度や走行時間」等があります。量的データも「間隔尺度」と「比例尺度」に分類されます。例えば、建物の階数表示のように一定の基準で測定され、1階と2階のような数値の差にのみ量的な意味をもっているものをいいます。一方の「比例尺度」は、身長や体重のように数値の差だけでなく数値の比にも意味がある尺度のことです。こうした量的データと質的データにもデータは分類されます。

```
●データの分類（質的データと量的データ）
データ──質的データ──名義尺度
            ──順序尺度
       量的データ──間隔尺度
            ──比例尺度
```

この章では、調べること、すなわち調査法の種類と得られるデータの種類について説明してきました。この他、図書館での関連文献の調べ方は『アカデミック・スキルズ　資料検索入門』（慶應義塾大学出版会）で専門的に取り扱っていますので、そちらをご覧ください。

第3章

調査の計画立案と準備

1 事例から学ぶ「見る」調査（観察調査）

本章では、見る調査、いわゆる観察調査の例をみていきたいと思います。

「商店街の活性化に向けたヒントを得るための研究」をもとに、商店街の利用者の買い物や移動の特性を知り、活性化の方法を考える場合を例にポイントを身につけましょう。ここでも5W1Hがキーワードになります。

（手順1）What／Which の検討（何を調べるのか／どれを調べるのか）

何を調べるか、どれを調べるか。調べる項目の吟味をはじめに行います。当然、ここでは「お客さんの買い物や移動の特性」を調べることになります。それらをさらに詳細化すると

- どういう客層が、どの時間帯に買い物に来るのか
- それぞれの世代が、商店街で買っているものは何か
- それぞれの世代が、商店街で何分程度買い物しているのか
- 歩いたり、カートを引いて買い物をする時に、どのような身体的な負担があるのか
- これから増えるであろう高齢者の買い物の特性はどのようなものか

等が、商店街の活性化方策の提案という目的につながる、具体的な「見て調べる項目」になります。まず、最初のステップとして「何を調べるか／どれを調べるか」を上記のように具体的に明確化して、その結果を調査研究計画書に記述していきましょう。

（手順 2）Where／When／Who の検討（どこで調べるのか／いつ調べるのか／誰を調べるのか）

　次に、どこで、いつ、誰に対して、見る調査（観察調査）を行うのかを検討します。あらゆる見る調査に共通しますが、調べる場所についてはその場所を管轄する人がいるので、具体的な調査の場所や時間を予め示して調査の許可を得る必要があります。事例では道路上の調査なので道路を管理する自治体や警察、商店街の協同組合に許可をとる必要があります。

　また、誰を見て調査するかという問題ですが、事例ではプライバシーの問題に配慮することが重要です。勝手に街を歩く買い物客を追跡し歩行特性を調べて記録することは、社会的・倫理的にプライバシーの配慮がなされていないと考えられます。故に、この本が対象とする大学 1 ～ 2 年生の方が行う場合は、研究目的で調べている旨がわかるように、調査者本人が腕章をしたり、調査中の旨を告知しながら実地調査を行うなどの配慮が必要になります。

　上記からわかると思いますが、あらゆる見る調査（観察調査）では、Where・When・Who を同時並行的に検討することがポイントです。3 つを同時並行で考えながら、どの場所でいつ誰に協力してもらうのかを最終的にまとめ、結果を調査の計画書に記述してください。

（手順 3）How の検討（どのように調べるのか）

　どのように調べるのか、すなわち調べる方法の吟味（どの調査手法を用いるか）の検討です。事例では、商店街での買い物の特性を観察するための方法論ですが、ここではそれを具体化します。要は、調査を何人で行うのか、どのような機材で記録するのか（デジタルカメラ等の静止画だけで進めるのか、デジタルビデオカメラ等の動画でも記録するか等）、どのように買い物客の行動特性の観察結果をフォームに書き込むか等をつめる段階です。みなさんも、以上のように調査の方法論を具体的に検討して、調査研究計画書に記述していきましょう。

（手順 4）調査研究計画書に基づく現地の事前チェックと各関係者への協力依頼作業

次に、5W1H を記した調査研究計画書の通りに見る調査（観察調査）を進められるかどうかを確かめる作業に入ります。まず、調査を行おうとしている場所を改めて確認し、調査の遂行上問題になることがないかを点検します（この例であれば、繁華街で人ごみが余りにひどく他の人に迷惑をかけないか等）。それで大きな問題がなければ、計画書の内容を盛り込んだ調査協力の説明書をまとめて持参し、調査をするエリアの管理者（この例であれば、道路管理を行う自治体や地元警察、各商店が加入する商店街の協同組合等）に、直接説明に行き、調査の許可を得られるようにします。もしも、調査エリアの管理者から協力条件がついた場合は合意すべき点を真摯に模索し、調査研究計画書の加筆修正も併せて行います。

コラム：実地調査での倫理的配慮

厳格には、この手順 4 と手順 5 の間で調査研究計画書の最終版を基に、大学の調査研究倫理審査委員会の許可もとります。要は、大学所属者が社会的・倫理的に調査を実施して問題がない内容か等をチェックするプロセスです。これについては、各大学のスタンスもありますし、本書の対象者が大学 1 ～ 2 年の初等レベルであることを考慮して、詳述は行いません。筆者としては読者のみなさんに周囲の教員への確認をお願いしたいと思います。

なお、本書の上級編的姉妹書である既刊の西山敏樹・鈴木亮子・大西幸周『アカデミックスキルズ　データ収集・分析入門－社会を効果的に読み解く技法』（慶應義塾出版会）のpp.36 ～ 39 には、実地調査での倫理的配慮について詳述しておりますのでお読みください。

(手順5) プリテストの実施と調査方法の洗練化

　エリア管理者や協力団体の許可が出たら、改めてプリテスト（＝事前テスト）を現地で実施します。そこで得た気づきに基づき、変更が必要な部分を調査計画書に加筆し調査計画書を完全なものにします。もし、研究室の先輩・同輩・後輩等に観察の協力をお願いする場合には、人によりデータの取得方法が異ならないように、事前に観察や記録等の練習を繰り返しておきましょう。この事例であれば、高齢者の歩行特性をどの角度から何枚分デジタルカメラで撮影しておくか、デジタルビデオカメラをどのアングルで回すかといった方法の統一等があげられます。

(手順6) 本調査の実施へ

　いよいよ見る調査（観察調査）の本調査を実施できます。調査を行ったら、その都度記録のデータをコンピュータに入力し、分析や考察を行って論文や発表資料等にまとめましょう。

　以上のように、見る調査（観察調査）の本調査を行うまでは、しっかりとした準備が必要になります。事例に即し調査研究計画書と結果を記すフォームのサンプルを載せておきます。

● 見る調査（観察調査）の研究計画書のサンプル

観察テーマ：「商店街の買い物客の行動特性を把握する」	
観察日時	2015年8月1日（土曜日）－2015年8月7日（金曜日） 各日9時00分－20時00分の間に観察調査を行う
観察場所	神奈川県横浜市港北区の東急・横浜市営地下鉄の日吉駅周辺で道路管理者・商店街協同組合が許可した商店街のエリア全体
観察担当者	西山敏樹（書き込み担当）・鈴木亮子（デジタルカメラ担当）・常盤拓司（デジタルビデオカメラ担当）
観察の対象・内容や獲得したいデータ	**観察の対象：** 日吉慶應商店街へ買い物に来る客。それ以外の条件は不問とする。 **観察の内容や獲得したいデータ：** ・どういう客層が、どの時間帯に買い物に来るのか ・それぞれの世代が、商店街で買っているものは何か ・それぞれの世代が、商店街で何分程度買い物しているのか ・歩いたり、カートを引いて買い物をする時に、どのような身体的な負担があるのか ・これから増えるであろう高齢者の買い物特性はどのようなものか
観察の方法	調査の旨を告知して賛同して下さった買い物客の商店街での行動の特性を追跡し、デジタルビデオカメラでその状況を後ろから動画として記録する。併せて、買い物や移動での困難に遭遇したときは、その困難の状況をデジタルカメラに撮影して記録する。さらに、歩行の状況をフォームにボールペンにて、具体的に記録することとする。

※観察者が複数にわたるときに備えて、観察の対象・内容・獲得したいデータ・方法は具体的に書く。関係機関への協力依頼の内容にもなるので、誰もがわかりやすいようにまとめる。

● 観察の結果を記すためのフォームの例

観察テーマ：「商店街の買い物客の行動特性を把握する」	
観察日時	2015年8月1日（土曜日）－2015年8月7日（金曜日）各日9時00分－20時00分の間に観察調査を行う
観察場所	神奈川県横浜市港北区の東急・横浜市営地下鉄の日吉駅周辺で道路管理者・商店街協同組合が許可した商店街のエリア全体
観察担当者	西山敏樹（書き込み担当）・鈴木亮子（デジタルカメラ担当）・常盤拓司（デジタルビデオカメラ担当）
観察の結果および気付き等	・本日は、特に高齢者が多くて、男性（82歳、78歳、76歳、72歳、70歳）と女性（85歳、77歳、74歳、73歳）の買い物状況を追跡した。全員が、足腰の弱りは自己認識しているが、障がい認定される程度ではなく、日々街中を歩いて移動。商店街でも、頻繁に買い物をする。 ・平均すると全員が100ｍ－120ｍ程度歩くと少々立ち止まって休憩していたことは特徴的である。商店街でのベンチ配置の間隔を今後考える上で、重要なヒントになる有益なデータが得られたことになる。 ・商店街の入口の段差を乗り越えることは全員がそれなりに大変そうであるが、観察中に白杖をもった方に2人出会い、いずれも段差を手がかりに歩道と車道の区別をしていた。完全に段差をなくすことは避ける必要があり、2cm程度の段差は残しておく必要がありそうだ。 （適宜、画像やイラストを加えるとわかりやすくてよい。） ・今回の調査では、荷物入れのカートと兼用の簡易ベンチをもっている人が13人いて、そういうカートに座って休む人が、他の歩行者と干渉しないような休憩用スペースを作ってあげてもよいだろう。 ・15時を過ぎると、ベビーカーを引くお母さんも増えてくる。移動の動線として、彼らと歩行者が干渉しないような配慮も必要と感じた。 ・何がどこの店に売っているのかわからないので、スマートフォンで検索可能なシステムがあればよいのに、という意見が聞かれた。

観察の方法	調査の旨を告知して賛同して下さった買い物客の商店街での行動の特性を追跡し、デジタルビデオカメラでその状況を後ろから動画として記録する。併せて、買い物や移動での困難に遭遇したときは、その困難の状況をデジタルカメラに撮影して記録する。さらに、歩行の状況をフォームにボールペンにて、具体的に記録することとする。

※デジタルカメラで撮影した画像、デジタルビデオカメラで撮影した動画をキャプチャーしたもの、イラストを「観察の結果および気づき」の欄に掲載することも効果的です。

なお、調査対象エリアの管理者や協力団体に協力を依頼する場合には、以下のような依頼書をベースに、別添資料として調査研究計画を記した書類を付けましょう（これは、「聞く」調査や「質問紙調査」等の依頼でも、このサンプルを改編して使用するとよいでしょう）。

●●●●様（組織名だったら御中）

「●●●●＜論文テーマ＞」に関する調査への
ご協力のお願い

〇〇年〇月〇日
〇〇大学〇〇学部〇年
＜〇〇〇〇（氏名）＞

　お忙しい中、この文書に目を通していただき誠にありがとうございます。私は〇〇大学〇〇学部〇年の＜〇〇〇〇（氏名）＞と申します。私は現在、「〇〇〇〇〇（科目名）」を履修しており、＜〇〇〇〇（研究分野）＞の現状と課題について学んでいます。私は個人研究のテーマとして、「〇〇〇〇〇〇〇〇〇（具体的な研究テーマ）」を設定して、調査を行っています。私の研究を進めるためには、〇〇〇〇に所属されている〇〇の皆様に実際に調査を行う必要が出てまいりました。このような次第により、関係者となる皆様に調査のご協力をお願いしたいと思っております。お忙しい中恐縮ですが、ご協力いただけましたら大変ありがたく存じます。(注：調査対象エリアの管理者への依頼は適宜改編する)

　別添の通り、調査研究計画書を作成しておりますので、あわせて具体的な調査内容及びお願いの事項等をご確認ください。

　なお、調査内容については、論文執筆の目的以外には使用せずにデータを取り扱い、第三者が用いることがないように管理いたしますのでご安心ください。

【連絡・問い合わせ先】
〒〇〇〇-〇〇〇〇
〇〇〇〇〇〇〇〇〇〇〇〇〇〇〇〇〇〇〇〇〇〇〇（学生の住所）
メールアドレス：〇〇〇〇＠〇〇.keio.jp（学生の公的ドメインのメー

ルアドレス)
電話番号：○○○-○○○○-○○○○（学生の電話番号）

【授業担当者連絡先】
〒○○○-○○○○
○○○○○○○○○○○○○○○○○○○○○○（教員の研究室住所）
メールアドレス：○○○○＠○○.○○.jp（教員の公的ドメインのメールアドレス)
電話番号：○○○-○○○○-○○○○（教員の研究室電話番号）

2 事例から学ぶ「聞く」調査 （インタビュー調査）

　第2章でも紹介したとおり、「聞く」調査（インタビュー）は、調査したいテーマに関係のある立場にいる人の「肉声」を拾う作業です。授業の期末レポートのような時間の制約がある中では、個人レベルで行う調査では多くの人の声は集めにくいでしょうが、テーマについて個人の考えを深く掘り下げることは可能であり、検討に値する調査方法といえるでしょう。先行研究の主張についても、自分が選定し依頼した方からじかに考えを聞くことで、先行研究とは異なる時代や時期、異なる人やグループに対しても同じ主張があてはまるかどうか、確認が可能で効果があります。

　例えば、「商店街の活性化に向けたヒントを得るための調査」であれば、少数ながら深く商店街のお店の人や利用者に活性化に向けたヒントを聞くことが想定されます。大切なことは聞く調査が「量ではなく、少数ながら深く意見を聞くのに向いている」というところです。実施までの流れは前章の「見る調査」と同じで、以下の手順に従いつつ計画・実施します。

(手順1) What／Which の検討（何を調べるのか／どれを調べるのか）
　例えば、「商店を経営し、現在困っていることは何か」、「商店街の全体で、今後取り組まなければいけないことは何か」、「お客さんが来るよう工夫し成功したことは何か」等、具体的なコミュニケーションから、深く、多様な情報を得られるように質問事項を整理します。

(手順2) Where／When／Who の検討（どこで調べるのか／いつ

調べるのか／誰を調べるのか)
　商店の方に直接出向いての調査等、まず場所を設定します。そして、調査の時間帯（たとえば15～16時の1時間というように設定）やお店の誰に質問するか等を検討し企画にまとめます。

(手順3) How の検討（どのように調べるのか）
　何人で調査場所に出向き、誰が聞き手で誰が記録者なのか、その役割をまとめます。またビデオを回すのか、カメラ撮影をするのか等の記録の方法についても整理し企画にまとめます。

(手順4) 調査研究計画書に基づく現地の事前チェックと各関係者への協力依頼作業
(手順5) 調査方法の洗練化
(手順6) 本調査の実施へ
　以上については、「見る調査」とほぼ同様ですが性質上現地でのプリテストは難しいので、質問を行う方は準備作業として近くの友達に調査を受ける方になってもらい、模擬調査を行うようにしましょう。そして本調査で押さえておくべきポイントをまとめておきましょう。

　「聞く」調査は、多様な分野で使われます。ゆえにこの章では、論文作成の授業や研究活動の中で実際に行われた「聞く」調査の例をまず紹介します。なお、学生の研究事例は授業時間内で報告された進捗報告及び提出されたレポート・論文を基にしています。

(事例1)「農作業に農家以外の人が参加する仕組みに関するインタビュー」
　学生Aさんは、大都市郊外での農業のあり方について興味をもち、先行研究の文献検討を行う中で「農作業支援」という活動に関する記述に出会いました。これは農家の方からの要請に応じて、農作業のサポートを非農家の人々が行うというものです。Aさんは実際に農作業を支援す

る仕組みを持つ自治体を探し、市役所に電話で連絡を取りました。そして役所の方に、地域住民による農作業サポートを実際に活用している中心的な農家の方々を紹介して頂き、早速連絡を取りました。また実際にそこに赴いて農作業サポートにも参加し、他のサポーターの人々とも話をし、支援の実態を調べました。そして後日、その農家に集まる10名弱のサポーターの方々にグループインタビューを行いました。農作業をいつ始めたのか、手伝うことになったきっかけ、農作業を始めてからの変化、やりがいを感じるとき等、予め質問を用意しておき、比較的自由に答えてもらいました。事前に対象者の許可を得て録音もしました。インタビューの中では、参加者が農作業を手伝うことへの積極的な価値を見出していることが色々とわかり、研究論文としてまとめ最終発表まで行いました。

(事例2)「ある地方都市の公園内遊園地の今とこれからに関するインタビュー」

学生Bさんは、地方都市にバブル期に多くつくられた遊園地等の行楽施設が、昨今維持不能に陥り閉園している事実を知り、自身が幼いころによく通った地元の遊園地の運営について調べてみることにしました。その遊園地に焦点をあてた既存研究はなく、また収支や入園者数のデータだけでは遊園地の現実及び未来を論じることも難しいため、関係者にインタビューを行うことにしました。インタビューのターゲットとして、まずは遊園地を管理する市役所の部署に調査の趣旨を説明した手紙を送り、インタビュー調査を申し入れました。そこから、実際に遊具などの手入れを行っている業者も紹介され話を聞くことができました。また遊園地を維持してゆく立場の元市会議員も紹介されました。実際に遊園地に携わる人々に会って情報を集め肉声を拾っていく中で、立体的に遊園地の運営状況とこれからの方向性をとらえることができました。学生Bさんは、3週間にわたり質問の案を作って授業で見せては修正する作業を繰り返しました。「ターゲットに面会して本当に何を聞きたいのか」を具体的に言語化することに、大変苦労をしました。ターゲットが変われ

ば質問の内容や質問の仕方も変化します。質問したい項目をあげて、優先順位をつけながら質問の最終版が完成し、インタビューにこぎつけ、最終的に結果を研究論文にまとめました。

(事例3)「CSRへの企業の取り組みに関するインタビュー調査」

　学生Cさんは自身が就職活動を控えていることもあり、CSR（企業の社会的責任）を大企業がどのようにとらえて実行しているのか、という企業内のCSRに関する声をインタビュー調査で拾うことにしました。まずインタビューを行いたい企業の規模を揃えるため、学内のデータベースを利用して、10数社の企業に絞りました。ウェブサイトなどからCSRについての情報を集めた上で、それぞれの企業の広報室・お客様相談室といった部署を通じインタビューを申し込みました。反応が返ってこない企業が多い中で、数社と連絡がとれ無事インタビューを行えました。その中で、CSR活動を社内で維持していく、盛り上げる上での苦労についても意見を聞くことができました。インタビューを終えた後で、録音を転記して内容を整理したものを各社の担当者の方々に、電子メールで送り確認を依頼したところ、CSRに対する企業としてのスタンスと、インタビューに答えた方の個人的な意見をしっかり区別するようにという重要な指摘を頂き、これをふまえ研究論文をまとめました。

(事例4)「現代のテレビ局のアナウンサーに求められる職能に関するインタビュー調査」

　学生Dさんは、ながらくテレビ局のアナウンサーという職種に興味・関心を持っていて課外活動等を通して人脈も培っていました。アナウンサーをめぐる数少ない社会言語学的な先行研究の中から、「現在のアナウンサーの職能が、かつての『正しい日本語の使い手・伝え手』というものから変化している」という指摘を見つけ、「現代のアナウンサーに求められる職能とは何か」という大きな問いにこたえるべく、アナウンサーという職業に密接に関係している方へのインタビュー調査を実施することに決め、準備を進め実施しました。

主に人脈を使い、電子メールや電話で依頼をし、ある時はご自宅に呼んで頂き、ある時は社員食堂やキャンパスで話を聞きました。ゆえに知り合いの方に対して、改まって調査依頼状を送ってインタビューを申し込むというステップは省略できました。相手との合意の下、録音せずにお話を伺った後でメモを残すという形で調査を進めました。民放とNHKの現役・元アナウンサー数名、アナウンサー学院講師、また偶然食堂で向かい合わせに座った某テレビ局の人事関連部署の方等10名弱からお話を聞けました。現役アナウンサーからはアナウンサーになろうと思ったきっかけや就職活動、具体的な仕事内容ややり甲斐、局内の問題点等、ライフストーリー的な内容のお話を聞くことができて大変参考になりました。

　Dさんはインタビューを行う中で問いを変更するかどうか悩みました。「民放アナとNHKアナに求められる職能の違い」にしようかと考え始めたのです。「職能」という言葉の定義やレポートの問いにそれを用いることが適切かも含めて、授業で議論を重ねました。「容姿端麗」、「アイドル性」等の今日のテレビ局のアナウンサーの「イメージ」、「職能」は分離できるのかというコメントもクラスメートから出されました。議論を重ねた結果、民放とNHKという2つのコミュニティについての特徴を抽出するには、一学生が行う数名のインタビューではあまりに偏りがあるため、元の問いに戻し最終的にレポートを完成させました。

　このようにインタビューを行う中で問いが揺らぐということはありえますが、できれば避けることが望ましく、そのためには事前に十分に準備をすることと問いそのものの妥当性をしっかりと検討して、ぶれない姿勢でインタビューに臨むことが重要だとわかりました。

(事例5)「慶應義塾大学経済学部に求められる英語教育に関するインタビュー」

　「聞く」調査(インタビュー調査)は授業のレポート作成のみならず、大学のカリキュラム作成等、教員の仕事でも大変役に立っています。ここでは、現在の慶應義塾大学経済学部の英語カリキュラム作成に関連し

て行った、鈴木らのインタビューの事例を紹介します。

　慶應義塾大学経済学部では、1999年度から、新入生ほぼ全員を対象に春学期に必修授業「英語スタディスキルズ」を展開しています。その中で新入生は、35名定員ですべて英語で話される授業を受けます。素早く記事を読み要点をまとめる読解力、文献調査を行って正しく引用し3分の意見スピーチを行う口頭発表力、そのテーマにつき最後に5段落構成のエッセーにまとめ、引用方法や参考文献リストの作成方法を学び文書作成力を養います。

　そのような新入生向けの必修授業の導入までに、英語教員は模索を続けました。世の中のニーズを知るために調査紙を作成し、現役の学生と卒業生に自分が身につけたい英語力、実社会（多くの経済学部生にとっては企業内）で求められる英語力、大学時代に身につけておいてほしい英語力等について質問紙調査を行いました。最後にコメント欄を設け、個別にインタビューに応じてもよい方に連絡方法を書いて頂いたところ、卒業生から反応がありました。教員は手分けをしてアポイントメントをとり、会社へ出向いてお話を伺いました。私ももう一人の教員と複数の会社へ出向きましたが録音せずにメモを取りました。

　仕事の中で英語を使用する度合いは会社や業務内容に応じまちまちであっても、インタビューに応じた方たちは英語教育に関して熱い思いがあり「大学時代にこんな英語の授業があったらよかったのに」という観点からも色々な意見を聞くことができました。その結果「可能な限り少人数」、「自分の思いを発信するだけでなく確実に伝える力」、「興味を持って物事を掘り下げる力」といった卒業生の要望を生かす形で、現在のカリキュラムを作成しました。

　以上の様々な事例を見ればわかりますが、一部例外があるものの、「聞く」調査（インタビュー調査）では、通常次の起承転結のフローで行うことが標準であることがわかります。

「起」＜準備の前に自問・ゼミなどでの議論＞
　　1. 目的・必要性の確認：何が知りたいか、なぜインタビューかの再確認。
「承」＜準備段階＞この段階に関する詳細については、p.43の「事例から学ぶ「聞く」調査」に関する手順を熟読してください。また効果的にインタビューを実施・記録できるようにpp.50-51の「聞く調査（インタビュー調査）の研究計画書のサンプル」と「質問項目と発話内容を記すためのフォームの例」を参考にして、準備するとよいです。
　　2. インタビューの質問を考える
　　3. 相手を決める
　　4. 場所とスケジュールを決める
　　5. 依頼書（依頼の電子メール）の準備
　　6. 相手に連絡をとり、合意が得られ次第依頼書を送付する
　　7. 返答を受け取り、協力可能ならば日時と場所を最終決定
　　8. 謝礼の用意
　　9. プリテストの実施とフィードバック

「転」＜実施時＞
　　10. インタビューを行う（その際許可を得て撮影・録音・メモとりを行う）
　　11. 謝礼を渡す

「結」＜実施後＞
　　12. 帰ってきて記憶が新鮮なうちにインタビュー内容の整理
　　13. 取り急ぎの御礼方々、相手へ電子メール等でインタビュー内容をまとめた記録を送付し確認依頼。相手が公開を望まない・削除を望む事項がないか等を確認する。
　　14. 相手への正式なお礼状（手紙）の作成
　　15. 相手への御礼と報告：完成した論文・研究論文やレポート等の成果物の送付
　　16. 論文執筆過程でインタビュー内容を利用する（発言の引用、インタビューを通して見えてきたことへの言及など）。そして成果のプレゼンテーションを実施。

　最後に、「聞く」調査の研究計画書と結果の記入フォームの例を事例1に即し紹介します。

● 聞く調査（インタビュー調査）の研究計画書のサンプル

聞き取りのテーマ：	「都市農業での農家・農業支援制度の現状と問題・課題」
聞き取りの日時	2015 年 8 月 15 日（土曜日） 13 時 00 分～ 15 時 00 分
聞き取りの場所	神奈川県藤沢市遠藤 5322 の SFC 農園内
聞き取りの担当者	西山敏樹（主に聞き取り役）・鈴木亮子（主にデジタルカメラ撮影）・常盤拓司（主にデジタルビデオ撮影）
聞き取りの対象・内容や獲得したいデータ	都市近郊では、農業を行いたい都市住民と、人手不足で悩む農家のニーズをマッチングさせる方法として、都市農業支援制度がある。都市の住民が人手不足で悩む農家の作業をお手伝いし、農業のノウハウも得られるという仕組みで、マッチングを農家の多い自治体が行っている。この農業支援制度に参加する都市住民 2 名に調査する。 (1) 都市農業支援制度に参加したきっかけや理由、背景 (2) 都市農業支援制度に参加してのメリットやデメリット (3) 都市農業支援制度で自治体に改善してほしいこと (4) 都市農業支援制度で農家側に検討をお願いしたいこと (5) 都市農業支援制度をよりよくするためのヒント (6) その他、都市農業支援制度に関する事項
聞き取りの方法	協力してくれる農業支援者に合意をとり、デジタルビデオカメラでその発話状況を動画として記録する。併せて、デジタルカメラに撮影して記録する。休憩室での会話と共に調査者が農作業に参加して、会話を交わし、それらを上記の手段で記録する。会話の状況は別紙記録フォームにボールペンで、できるだけ具体的に記録する。

※調査者が複数にわたるときに備えて、聞き取りの対象・内容・獲得したいデータ・方法は具体的に書く。関係機関への協力依頼の内容にもなるので誰もがわかりやすいように整理する。

● 質問項目と発話内容を記すためのフォームの例

聞き取りのテーマ	「都市農業での農家・農業支援制度の現状と問題・課題」
聞き取り日時	2015年8月15日（土曜日） 13時00分～15時00分
聞き取り場所	神奈川県藤沢市遠藤5322のSFC農園内
聞き取り担当者	西山敏樹（主に聞き取り役）・鈴木亮子（主にデジタルカメラ撮影）・常盤拓司（主にデジタルビデオ撮影）
聞き取りの項目・結果および気付き等	質問1　都市農業支援制度に参加したきっかけや理由、背景 回答1　Aさんは、元々農業をリタイヤ後にやりたかったが、新たに土地を得ることも難しく、自分自身で行うと大きなコストがかかるため、何かよい方法を探していた。そして、藤沢市の都市農業支援制度で都市農業支援者を募集しており、応募して運よく採用されて通っている。一方のBさんは、一昨年に病気で倒れ、リハビリテイションが必要になった。病院にて相談した結果、医師が自然の中で行える農業がBさんには相応しいと話した。そこでBさんは、藤沢市役所の担当課に相談して比較的自由が利く農家の下で支援開始。 質問2　都市農業支援制度に参加してのメリットやデメリット 回答2　・・・・・ （質問項目の数だけ欄を用意し、結果を記録する）
聞き取りの方法	協力してくれる農業支援者に合意をとり、デジタルビデオカメラでその発話状況を動画として記録した。併せて、デジタルカメラに撮影して記録した。休憩室での会話と共に調査者が農作業に参加して、会話を交わし、それらを上記の手段で記録した。会話の状況は別紙記録フォームにボールペンで、できるだけ具体的に記録した。

※デジタルカメラで撮影した画像、デジタルビデオカメラで撮影した動画をキャプチャーしたもの、イラストを「観察の結果および気づき」の欄に掲載することも効果的である。

　「見る」「聞く」形の調査で使う道具については附録で詳しく紹介していますのでご覧ください。

第3章　調査の計画立案と準備

3 事例から学ぶ「質問紙を用いた調査」

　ここでは、質問紙を用いた調査の事例を紹介します。商店街の活性化方策の研究を例に取ると、質問紙調査は「商店街を利用する多数のお客さんに、利用の状況、現状の商店街に感じる問題や課題、よいところ」等を量重視で聞き、傾向を把握するのに向いています。

　大切なことは、「多数」、「量重視」というところです。「見る調査」や「聞く調査」では少数でも情報の質（濃さ）に着目していましたが、質問紙を配布する調査では見たり聞いたりする時間や手間よりも、質問紙を多数配布することで情報の量を増やすことに通常着目しています。

（手順1）What／Which の検討（何を調べるのか／どれを調べるのか）

　例えば、「週に何回商店街を使っていますか」、「商店街では主に何を買いますか」、「商店街の買い物で不便に感じていることは何ですか」、「商店街で改善してほしいことは何ですか」等、質問事項を整理します。質問が増え負担を与えないように質問の内容と数を絞ります。

（手順2）Where／When／Who の検討（どこで調べるのか／いつ調べるのか／誰を調べるのか）

　まず調査の場所を設定します。質問紙の配布と回収の両方を郵送で行う、質問紙は商店街で買い物客に渡して回収を切手付きの封筒で行う等の設定を行います。そして回答の〆切日を含めた調査期間、どのような人に質問紙を渡すのか等を整理して、企画にまとめます。

（手順3）How の検討（どのように調べるのか）

　何人で質問紙調査を進めるか、検討します。質問紙の印刷－調査協力

依頼－プリテストの実施－本調査－本調査で集めた質問紙のチェック－データのコンピュータへの入力および分析・考察－成果のプレゼンテーションまでのプロセスで、何人体制で、どのような役割で進めていくのかを検討します。そして人員体制や役割等を調査研究の企画にまとめます。

（手順4）調査研究計画書に基づく現地の事前チェックと各関係者への協力依頼作業

　手順3の内容をもとに、調査関係者が現地の事前チェックを行います（特に商店街の街頭で質問紙を配布する時等）。そして、手順1－手順3までをまとめた調査研究の計画書を持参して、関係者（例：質問紙を配布する商店街の組合関係者等）に調査協力の依頼を行います。

（手順5）プリテストと調査方法の洗練化

　この段階になったら、質問紙の内容や答えやすさに問題がないか、最終チェックを行うためにプリテストを行います。特に、周囲の友達だけでなく両親や親戚等も交え、多様な世代や性別の方に確認してもらうと、色々な視点に基づき質問紙の質を高められると思います。

（手順6）本調査の実施へ

　そして、手順1－5で行った様々な作業の集大成として、本調査を丁寧に実施しましょう。

　上記の手順の作業結果をまとめた質問紙を用いた調査の研究計画書は、以下のようにまとめられます。

● 質問紙を用いた調査の研究計画書のサンプル

質問紙調査のテーマ	「商店街の活性化に向けたヒントを得るための質問紙調査」
質問紙調査の日時	2015年9月10日－2015年10月10日
質問紙調査の場所	日吉慶應商店街の中心から半径1km以内（上記の近隣に住む人）
質問紙調査の担当者	西山敏樹・鈴木亮子・常盤拓司
質問紙調査の対象・内容や獲得したいデータ	質問紙調査の対象者は、日吉慶應商店街の中心から半径1km以内の居住者とする。日吉町の選挙人名簿から抽出した世代や年齢を問わない方、合計500人に質問紙を郵送し、次の項目を質問する。 〔質問項目〕 (1) 週に何回商店街を使っていますか (2) 商店街では主に何を買いますか (3) 商店街の買い物で不便に感じていることは何ですか (4) 商店街で改善してほしいことは何ですか (5) 今後商店街で実施してほしい新サービスは何ですか (以下省略するが、箇条書きにして質問項目を並べていく)
質問紙調査の方法	調査者が用意した質問紙を郵送して、回答・記入してもらい郵送で返却してもらう。質問紙が届いてから有効回答であれば、謝礼としてクオカード300円をお送りする。

　上記計画書に即した質問紙の例を以下に載せます。冒頭で「調査のタイトル」や「主旨の説明」、「調査者の公式な連絡先」を簡潔に説明します。特に、公式な連絡先については学生の場合、調査に関係する教員の研究室の住所・固定電話・E-mailのアドレス等を載せます。学生のE-mailアドレスや住所だけだと回答者側の調査への信頼度が落ち、有効回答率も下がるといわれていますので気をつけてください。さらに、個人情報が研究関係者以外には漏洩しないことを明記し、安心度が高い質問紙調査であることをアピールしましょう。

　質問紙では、選択肢式の質問と記述式の質問があります。選択肢式の質問では書かれた選択肢のどれにもあてはまらない人が生じないか、よく確認を行ってください。初心者の場合は、選択肢のどれにもあてはまらない人を生じさせることも多いので注意しましょう。特に、注目してほしいのは、選択肢で「①とてもよい、②よい、③わるい、④とてもわ

るい」のようにして、真ん中に「どちらとも言えない」を入れていない点です。何かの度合いを聞く時も、「どちらともいえない」という選択肢を入れないのがポイントです。例にあげた質問紙を見ればわかりますが、「どちらともいえない」という選択肢は入っていません。「どちらともいえない」を入れると、時間のない回答者、面倒だと感じている回答者、迷った回答者がすぐに「どちらともいえない」を選んで、真摯に考えることをすぐにやめてしまうからです。これも回答者の考えを引き出す上での重要なテクニックです。

　さらに選択肢の質問に加えて、それに関連する記述式の質問も入れましょう。選択肢の質問ばかりだと、選択する回答だけで終わってしまいます。しかし、回答者の中には質問に関連して、回答の背景や根拠や関連する情報を記入したい人も少なからずいるものです。こうした回答をする協力者の気持ちを考え、選択肢式の質問に関連する記述スペースを例のように設けるとよいです。そして最後に回答者の属性を聞いて質問紙を閉じます。そこでは個人情報を聞くので、質問紙の最初にあると回答者のやる気を削ぐ場合もあります。例えば不景気な時に年収を聞かれると嫌だと感じる人もいるでしょう。プライベートなことを聞くので、すべての回答が終わってから最後に聞くようにし、一定の配慮をしていることをアピールすることも回答者への印象を高めます。初心者の場合はこうした配慮ができないケースが多く、最初に属性を聞く事例が非常に多く見受けられますので、十分に気をつけてください。

● 研究計画書に即した質問紙のサンプル

日吉慶應商店街の活性化方策に関する調査

　　私は現在、日吉慶應商店街の活性化の方策について研究をしております。そこで、皆様から商店街の利用についてのご意見を頂き、活性化方策の整理に役立てて参りたいと考えております。皆様の率直なご回答をお書きくだされば幸いです。ご回答は<u>2015年10月25日までに、同時にお渡しした封筒に入れ郵便ポストにご投函ください</u>。本調査にご質問や疑問点などがございましたら、次までご連絡ください。
　　＜連絡先＞　東京都市大学　西山敏樹（指導教員：常盤拓司）
　　　　　　　　〒158-8586　東京都世田谷区○○○×-×-×
　　　　　　　　指導教員研究室電話　03-○○○○-○○○○
　　　　　　　　E-mail（西山）　nishibus@○○○.○○.ac.jp

＜お約束＞　皆様のご回答は、研究目的の以外で使用することは一切ございません。また、ご回答が第三者にもれること、回答者が特定できることがないように、厳重に情報を処理いたします。

1. 日吉慶應商店街をどのくらいの割合で利用しますか。次の中からご自分の印象にあてはまるものを一つ選びカッコ内に○をつけてください。
   （　）　a. 毎日
   （　）　b. 週5日～週6日
   （　）　c. 週3日～週4日
   （　）　d. 週1日～週2日
   （　）　e. 週1日より少ない（具体的な頻度：　　　　　　）

2. ＜上記1.でd.とe.に○をつけた方のみお答えください＞なぜ日吉

慶應商店街の利用頻度が低いのでしょうか。簡単で結構ですので、例に従いその理由をお書きください。

（回答例）　欲しいものを売っているお店が少ない、移動がしにくい、店員が不親切　など

```
┌─────────────────────────────────────────┐
│                                         │
│                                         │
└─────────────────────────────────────────┘
```

3. ＜上記 1. で a.／b.／c. に○をつけた方のみお答えください＞なぜ日吉慶應商店街の利用頻度が高いのでしょうか。簡単で結構ですので、例に従い理由をお書きください。

（回答例）　欲しいものが揃いやすい、店員が親切、店舗の雰囲気がよく買いやすい　など

```
┌─────────────────────────────────────────┐
│                                         │
│                                         │
└─────────────────────────────────────────┘
```

4. 日吉慶應商店街の総体的な店舗の種類に対する印象をお聞きします。次の中から、ご自分の印象にあてはまるものを一つ選びカッコ内に○をつけてください。

　　（　　）　a. 総体的によいと感じる
　　（　　）　b. 総体的にまあまあよいと感じる
　　（　　）　c. 総体的にあまりよいと感じない
　　（　　）　d. 総体的に悪いと感じる

5. 日吉慶應商店街の総体的な雰囲気に対する印象をお聞きします。次の中から、ご自分の印象にあてはまるものを一つ選びカッコ内に○をつけてください。

　　（　　）　a. 総体的によいと感じる
　　（　　）　b. 総体的にまあまあよいと感じる
　　（　　）　c. 総体的にあまりよいと感じない
　　（　　）　d. 総体的に悪いと感じる

6. 日吉慶應商店街の総体的な歩きやすさに対する印象をお聞きします。次の中から、ご自分の印象にあてはまるものを一つ選びカッコ内に〇をつけてください。

　　（　　）a. 総体的によいと感じる
　　（　　）b. 総体的にまあまあよいと感じる
　　（　　）c. 総体的にあまりよいと感じない
　　（　　）d. 総体的に悪いと感じる

7. 日吉慶應商店街の総体的な店員の応対に対する印象をお聞きします。次の中から、ご自分の印象にあてはまるものを一つ選びカッコ内に〇をつけてください。

　　（　　）a. 総体的によいと感じる
　　（　　）b. 総体的にまあまあよいと感じる
　　（　　）c. 総体的にあまりよいと感じない
　　（　　）d. 総体的に悪いと感じる

8. 日吉慶應商店街の総体的な品揃えに対する印象をお聞きします。次の中から、ご自分の印象にあてはまるものを一つ選びカッコ内に〇をつけてください。

　　（　　）a. 総体的によいと感じる
　　（　　）b. 総体的にまあまあよいと感じる
　　（　　）c. 総体的にあまりよいと感じない
　　（　　）d. 総体的に悪いと感じる

9. 日吉慶應商店街の総体的な商品の価格に対する印象をお聞きします。次の中から、ご自分の印象にあてはまるものを一つ選びカッコ内に〇をつけてください。

　　（　　）a. 総体的に安いと感じる
　　（　　）b. 総体的にまあまあ安いと感じる
　　（　　）c. 総体的にあまり安いと感じない

（　　）　d. 総体的に高いと感じる

10. 今回の調査では、日吉慶應商店街の活性化方策を明らかにするために、店舗の種類・雰囲気・歩きやすさ・店員の応対・品揃え・商品の価格に関する総体的な印象をお聞きして参りました。そこで<u>日吉慶應商店街の活性化を図る上で店舗の種類・雰囲気・歩きやすさ・店員の応対・品揃え・商品の価格に関して具体的な改善点や提案があれば、以下の枠内で自由にお書きください。</u>

11. その他、日吉慶應商店街についてご意見やご感想などがございましたらワクの中にお書きください。

- 最後に、性別と年齢についてお知らせください。
    - ・性別　（　　　）男　　（　　　）女
        ＜どちらかに○をお付けください＞
    - ・年齢　（　　　）歳　＜具体的にお書きください＞

　　　　質問は以上でございます。ご協力ありがとうございました。

4 インターネットを用いた社会調査

　最近は、インターネットの普及により、Webサイトに質問を掲載し、回答者にパソコンやスマートフォン、携帯電話等からインターネットを通じてそのサイトへアクセス、そして回答してもらう社会調査も増えています。すなわち、従来の質問紙調査の内容をWebサイトに掲載するイメージです。大学の研究は、自分でhtml等を用いて調査用のWebサイトを構築することが基本ですが、インターネット調査のサービスを供与する会社も増えており特定のフォームに質問を入力し公開、回答収集後に簡易な分析結果までまとめて提供する会社も少なくありません（例：代表的なものにCiao等がある。http://mixi-research.co.jp/ciao/）。

　基本的な計画から実施までの流れは、質問紙調査の手順1－6と同じです。ただし、調査の場所がインターネット上になるので、回答をしてもらうWebページを別途制作する必要があります。これについては難易度が高いので関心のある人は参考書を別途読んでください。

　ここでも、商店街の活性化に関する調査を例にあげて考えてみましょう。質問紙調査の章であげた「商店街活性化に向けた調査」を商店街周辺の住民に対して行うとして、インターネット調査の活用が想定されます。小さいメモ用紙を用意してそこに調査用サイトのURLを掲載し、商店街の実地で配布の上、アクセス・回答をしてもらう方法が一般的です。最近では、調査用サイトへのQRコードを生成の上メモ用紙に記載し、一層容易にスマートフォン等へアクセスさせて回答を促すケースも増えてきました。さらに、商店街周辺の住民が用いるメーリングリストを使わせてもらい、協力依頼文及びURLを送る方法もあります。

　こうした方法で問題になることですが、次のようなことが生じる可能

性が高く注意が必要です。

（1）サイトにアクセスして回答する人間が、ITのリテラシの比較的高い層に限られ、高齢者や障がい者の回答が極めて限定される可能性が高くなる。

（2）セキュリティに対する不安を覚える人が少なくない。特に大学の学部生が主体というと不安を覚える人が増えるといわれている。結果的に有効回答者の数が減ってしまう。

（3）通常、インターネットにつながっているパソコンやスマートフォン、携帯電話が多いため回答者がインターネット検索する場を与えてしまい、直感の回答を阻害する可能性が高い。

　また、初心者の学生がインターネット調査を行うと、回答してもらったデータの蓄積方法にミスをしたり、データの管理が杜撰だったりするケースも少なからずあります。

　これらから、インターネット調査は、定量的な調査を安価で即時にできるという魅力がある反面、初心者であるほど質問紙調査に比ベリスクが大きいことがわかります。ゆえに筆者は、実地調査のアカデミック・スキルズとして、質問紙調査・見る調査・聞く調査の従来型の調査手法を完全にマスターすることをおすすめし、それからインターネット調査に進むことを望みます。

　改めて、基本的なアカデミック・スキルズとして、インターネット調査の長所と短所、実施すべき注意点やインターネット調査の特徴等を述べますので参考にしてください。

● インターネット調査の長所

(1) 一般に、「時間」と「費用」が他の調査法に比べて安く済む。一般に行われる質問紙での調査法では、用紙代・印刷代が多くかかり、場合により配布と回収に関わる郵送代や人件費も必要となる。しかしインターネットを介すればそれを大きくカットすることができる。

(2) 多数の調査対象者に、電子メール等で一斉に調査の実施概要を配信し協力してもらえる。インターネットの利用者が増える現状では、出現率の低い調査対象者（普段の生活からは見つけることが難しい属性の人々。例えば、無人島で暮らしたことがある人、日本のすべての鉄道に乗車した人、電気自動車を保有して運転する人等）を容易に探すことも可能である。

(3) 技術的に、回答をすぐにサーバーのコンピュータに蓄積させ、各種統計ソフトにも直結させられる。分析の手続きを事前に統計ソフトに記憶させておけば集計期間を短縮できる。

(4) 通常、訪問調査で用いる調査員を減らせるので、調査員による聞き方の差、聞き間違いや記入間違い、回答の解釈やとらえ方の違い等の各バイアスが発生する心配をカットできる。

(5) 予め調査モニターを募っておけば、通常の郵送式または訪問式等の質問紙調査と異なり、調査依頼が来た時の心の準備ができているため、結果的には協力率も高くなる傾向にある。

● インターネット調査の短所

(1) 通常の質問紙型の社会調査と同様に、調査対象者を事前にサンプリングして電子メールを送信して調査依頼をしても、属性別のインター

ネットの利用傾向が有効回答数に影響を与えることは考慮しておく必要がある。一般には、20代・30代の男女のインターネットの利用率が高く、それに比べて他の世代や性別等からの有効回答数が低くなる可能性も高い。インターネット利用者数に性・年齢等の属性面で偏りがある点は十分承知する必要がある。

(2) 予め調査モニターを募っておく形でも、インターネットの利用者で、かつ調査モニターの登録者に回答が限定される。また、あくまで有効回答者は「調査参加を希望した者」になるので、元々社会調査への姿勢が積極的な人々の回答しか集まらない可能性が高くなる。

(3) 回答時の調査対象者の「本人確認」が不可能である。いわゆる「なりすまし」(例：兄が弟の代わりに回答、部長の代わりにその部下が回答等) の危険性があってその排除が難しい。

(4) コストが低いという長所のため、調査対象者が何回も協力することが必要な調査にインターネット調査は向いている。例えば1カ月の購買調査や行動調査等に向いている。しかし回答への慣れが生じて、調査者の介入もないので、回答の意欲や丁寧さが減退するリスクもある。また、謝礼金やポイントを支払う際は、調査対象者に小遣い稼ぎの意識が高まると回答に粗製乱造的な状態が生じることもある。結果「調査品質の低下」を招きかねない。

(5) 回答者は、パソコンやスマートフォン、携帯電話等を相手に回答する。そのため、調査対象者の良心に頼るしかない。結局は調査者の介入がないので調査対象者の心もつかめない。

(6) セキュリティに対する不安を覚える人が少なくない。特に大学の学部生が主体というと不安を覚える人が増えるといわれている。結果的に有効回答者の数が減ってしまう。

(7) 通常、インターネットにつながっているパソコンやスマートフォン、携帯電話が多いため、回答者がインターネット検索する場を与えてしまい、直感の回答を阻害する可能性が高い。

　インターネット調査の長所と短所は、およそ上記のように整理されます。結果的に、長所と同じくらいの数の短所があり、この短所を考えると、色々な市民の意見を隈なく集める上では利用者属性も偏りがあるインターネット調査の利用には、十分な配慮が必要です。本書が対象とする大学1〜2年生レベルでは、まず質問紙調査の確かな手続きを知って、インターネット調査を展開することが、アカデミックスキルズ（学問的な作法）の正しい方向性です。

　しかも、インターネット調査は、対面式の質問紙調査や訪問面接調査、会場調査のように調査対象者の反応やようすを見ながら回答を得ることもできません。回答者が回答方法を間違っていたり、調査票の表記や内容、回答手続き等に疑問やストレスを感じつつ回答しているようす、つまり回答者の心の動きや回答への姿勢等の状況も調査者側は把握できません。

　結局は、従来型の調査に比べて調査の質を下げる要因が少なからずあることは、読者のみなさんにも知っておいてほしいと思います。しかし一方で、インターネット調査には上記のメリットもあり、時宜に適した方法論です。調査の実施者側の努力で、短所を少しでも抑えインターネット調査の精度を高めることができる方法は、次の作業を進めることです。

(1) 調査対象者が質問の主旨を誤解することなく、正しく理解でき、回答にストレスを感じないようにする。常にどのような人でも回答のモチベーションを保てる言葉遣いや調査形式を計画する。調査者は1人で作業を行わずに、複数名の視座を盛り込んで調査計画を立案したほう

がよい。

(2) 調査原案を基にパソコン・スマートフォン・携帯電話等の画面で見られる調査回答システムを作成し様々な模擬回答を調査者自らが行い、最終的に問題がないかをチェックする。

(3) 周囲の10名程の人に、パソコン・スマートフォン・携帯電話等の画面上で、プリテストを行ってもらい、次の点についてチェック、フィードバックしてもらう。改善点がないか、プリテストの協力者からじっくり評価結果を聞き出して本調査に反映させる。

a. 質問番号順に正しく回答できたか。
b. 質問内容に沿って、正しく次の質問へアクセスができたか。
c. 質問文や選択肢で、わかりにくい表現や内容がなかったか。
d. 写真等の回答に必要な資料が、画面に正しく明瞭に表示されたか。また、それらの内容や中身を確認できる適切な大きさであったか。
e. 途中で回答が嫌にならなかったか。モチベーションを下げる要因がなかったか。

(4) 上記の(1)〜(3)の結果を参考に、パソコン・スマートフォン・携帯電話等の画面上の調査票を修正・変更する。ただし、本調査にも調査自体に対する自由意見欄を必ず設けて調査方法の問題点や課題、不満を感じた点等を自由に記載してもらい結果の考察に反映させる。

以上のように、インターネット調査は低コストで手軽に実施できる反面、社会調査法の本質を理解した、いわばプロフェッショナルな人々が行わないと、質の高いデータを回収することが難しいものです。筆者としては、基本的アカデミック・スキルズとして、まずはインターネット調査という方法論があるということを読者のみなさんに覚えておいてほしいと思います。

コラム：調査結果で被験者の顔をのせる時の注意

　社会調査の種類にもよりますが、アイカメラや高齢者体験器具の装着等、人間工学的な社会調査では、結果をまとめたペーパーにやむなく被験者の顔を載せないと、読み手側の調査に対する信頼性を失うケースが想定されます。例えば、ある経験をした時の顔の温度変化の状況を出す場合は代表的です。こうした場合に、被験者が特定されないように配慮して、目を黒く隠す、あるいは必要以外のところにモザイクをかけてある論文や報告書が多く見られます。しかし、国内外の学界で最近このような措置が問題視されています。理由は、自分の顔の画像に加工をされた被験者が気分を害するケース、論文や報告書の読者が被験者の顔の画像加工にあまりよい印象を持たず、そうした慣習自体に疑問を呈するケースが、学会の運営過程でしばしば挙がっているからです。むしろ最近では、被験者の同意を得て、そのまま加工をせずに顔を論文や報告書に掲載する方向性が、学界でも支持されています。被験者のプライバシーの保護は、もちろん大切なことですが、被験者や調査結果の読者らが、不快感を催すようなまとめの方法をとらないように配慮することも忘れないようにしてください。社会調査実施者には常にこうしたバランスが求められてくると思います。

コラム：ビッグデータ

　最近、ビッグデータという言葉が新聞やテレビで見聞きされるようになりました。ビッグデータは、「インターネットの普及やコンピュータの処理速度の向上等に伴って生成される大容量のデジタルデータ」（朝日新聞『知恵蔵2013』より）のことをいいます。近年、ブログやYoutube等の動画サイト、Facebookやmixi、Twitter等のSNS（ソーシャル・ネットワーキング・サービス）、Suica等の電子マネーの利用が進み、

大量の文字・音声・写真・動画等のデジタルデータがインターネット上を飛び交っております。これらのデータは、まさしく大規模な社会調査が自動で行われていることと同意です。ビッグデータを分析すれば、人の移動や購買の状況、嗜好等を即時に把握することができ、マーケティングに役立てることも可能となります。ただし、ビッグデータの売買が近年問題になっています。人の移動の状況や購買活動、嗜好等は個人情報そのものであり、集まったビッグデータを必要とする企業に販売する行為が社会問題化しています。ビッグデータは誰のものか、という議論もあります。ビッグデータの使用方法については国民のコンセンサスも必要になっています。

コラム：社会調査での Twitter や Facebook 等の SNS データの取り扱い

　最近では、Twitter や Facebook、mixi 等の SNS が台頭しております。個人が文章や画像、イラストなどを用い自由に情報発信ができるようになりました。しかし、Twitter や Facebook、mixi に掲載される文章や画像、イラストは、発信する個人の創作物と判断できます。ゆえに、調査のプロセスで SNS により発信された情報を用いレポートや論文をまとめる場合、情報倫理の側面から発信者の許可が必要となります。これは、情報を発信する立場になってみればわかりますが、労力をかけて書いた文書や撮影した画像、描いたイラストが無断でレポートの中で使用されたり、加工されたら、よい気がしないわけです。調査とデータ分析の原理・原則は、データを発信する人（回答者や SNS でデータを発信する人等）との同意の下で情報を収集することです。ゆえに、SNS 上の情報を用いる場合には情報を発信する人、SNS を運営する企業に必ず許可を取るようにしてください。そうすることから情報を収集する立場、情報を発信する立場の双方の利益を守ることができるわけです。こうした配慮は個人が発信するブログ等でも同様に適用されますので、十分注意してください。

第4章
データの分析

1 本章の位置付け

質問紙調査やインタビュー、観察調査などの方法で集められた個別のデータは、そのままでは利用することができません。ここでいうデータとは、アンケート調査であれば記入されたアンケート用紙、インタビューならば録音・録画データや文字の書き起こし、観察調査ならば動線の記録や対話の内容などです。これらは、調査から得られた一次情報として極めて重要なものです。しかし個別のデータを見るだけでは調査の目的に応じた答えを発見し、現象を理解することはできません。そこで必要となるのが、データの分析と可視化です。

本章ではデータの分析と可視化についての基本的な知識と手続きについて紹介します。

2 データ分析

データ分析は何らかの方法で集められたデータを統合し様々な観点から検討を加え、個々のデータの後ろにある現象を理解する作業です。

データ分析におけるデータは「標本」とも呼ばれます。標本は母集団の部分的な集合のことです。母集団とは、例えば「日本人全員」のような、ある調査において当てはまる対象のすべてです。すべてを対象とする調査は、「全数調査」と呼ばれます。国勢調査は、代表的な全数調査です。たいていの調査ではすべてを対象にすることができないため、何らかの制約条件の下、限定された対象の範囲で調査をすることになります。この限定された対象の範囲が標本です。本稿では、データと呼ぶこ

とにします。

　また、データを統合するための方法として、一般的に「表」が用いられます。表とは、何らかの一連の情報が格子状に区切られた平面空間上に並べられたものです。並べられる情報は、数値のこともあれば、文章などの場合もあります。表自体が後述する可視化の一種とする場合もありますが、データを分析する際に最初に作られるものであり、コンピュータ上で可視化する際に用いられるソフトウェアでもデータは表形式の画面が用いられます。

　データ分析の最初の作業は、データから表を作ることからはじまります。できあがった表に対して様々な手法で処理を行うことで、表を構成するデータが全体としてもっている特徴を得ることができるようになります。特徴を視覚的にわかりやすくする方法として可視化が行われます。

　可視化とは、様々な情報を図や表として整理して、視覚的にわかりやすく表現することです。「見える化」などともいわれますが、可視化とは端的にいえば「目に見えるようにすること」です。目に見えるようにすることで、情報は整理され、直感的に理解することができるようになります。

　そこに隠れていた意味を発見したり、複雑な関係性をわかりやすく多くの人に伝えられたりすることができるようになります。

コラム：統計

　国家を統治するための基礎資料として、古来より統計と呼ばれるデータが作成、利用されてきました。特に、人口や土地等についてはピラミッドのような建造物建設のための調査や兵役、徴税のための調査として、古くから取り組まれています。

　近代に入り、政策の企画・立案のために利用されるようになると、それに伴い調査の対象や範囲は広がりました。ナポレオン・ボナパルトは「統計は事物の予算である。そして予算なくしては公共の福祉もない」とし、1800年にはフランス、1828年にはオーストリアで調査機関が設立

されました。20世紀に入り大型コンピュータが登場し、統計情報はデジタルデータ化され、大量に蓄積され、政府、企業、教育機関で分析されるようになりました。その分析結果は様々な組織の重要な計画立案や判断に利用されるようになりました。

現代では、コンピュータは小型化され、インターネットが普及し、様々な統計が日々生み出され、公開されています。そしてこの統計を分析し、新しい問題提起やレポートを発信するデータジャーナリズムなどの分野が登場しています。

コラム：可視化

人類は有史以来、さまざまなものごと――自然現象や神話や伝承など――を目に見えるような形で記録し、他の人に伝えようとしてきました。山辺ら[1]は人類の最古の可視化は「ラスコーの壁画」であるとしています。

本書で扱う「グラフ化」や「視覚化」は近代と呼ばれるころ（おおよそ18世紀の終わり頃）から行われるようになりました。近代以降、社会や経済の発展や安定を図るために、人口や土地の面積、農作物の収穫高など、大きな数や量の変化を記録し、それを活用して、現象に秩序をみつけ、ものごとの変化を予想できるようにすることが重要になりました。そこで収集した情報をグラフやヒストグラムといったおなじみの統計図表を使ってわかりやすく表現することが求められるようになったのです。

初期の「可視化」として有名なものに、クリミア戦争で負傷した兵士の死亡原因が主に医療施設の衛生状態が良くないことにあることを、役人にわかりやすく訴えた「ナイチンゲールのグラフ」が知られています。可視化は複雑な社会を的確に描写し、人々に大きなインパクトを与え、社会の変革を促すことがあります。

[1] 山辺 真幸、古堅 真彦、データ可視化プログラミング入門、秀和システム (2013/9/1)

3 表をつくる

　表は個々のデータを2つの軸で平面空間に配置します。2つの軸は「行（Row）」と「列（Column）」と呼ばれます。また、個々の格子のマス目は「セル」と呼ばれます。

　通常は、行もしくは列がひとまとまりのデータとなり、その逆が、データを構成する要素となります。例として、ある商店街の店舗の営業時間と来店者数を表にする場合を考えてみましょう。（ちなみにこの数値はダミーです。）

　二通りの表現のしかたがあります。

横長

調査日	1	2	3	4	5
営業時間	8	7	9	6.5	9.5
来店者数	180	165	170	175	185

縦長

調査日	営業時間	来店者数
1	8	180
2	7	165
3	9	170
4	6.5	175
5	9.5	185

　横長の表は、各列が一日分のデータになっています。各行は各列のそれぞれのセルに入っている数値の意味になっています。縦長の表は、各行が一日分のデータになっています。各列は各行のそれぞれのセルに

入っている数値の意味になっています。

　どちらにするかは、表の作成者やその目的などの様々な要件から判断されます。表計算ソフトによっては、行と列を後で入れ替えられる機能を提供しているものもあるので、作成途中で変更することもしばしばあります。

　筆者の個人的な経験では情報が追加されていく方向を縦にすることをお勧めしています。先の表の例で言うと、調査対象（人）が増えていくならば縦型の表となります。

4　表の作成

(1) 表計算ソフトウェア

　表を作成し分析をする上で、表計算ソフトウェアは有効な手段です。そこで、本節では少し脱線しますが、表計算ソフトウェアについて説明しておきます。

　表計算ソフトは、データを表の形で保持し、計算するためのソフトウェアです。後述しますが、保存された表からグラフ等の形で可視化することもできます。

　有名なソフトウェアとして、マイクロソフト社の開発・販売する「Excel（エクセル）」があります。Excel は最も古くから開発されている表計算ソフトです。そのため、Excel の使い勝手に似せたソフトウェアやウェブサービスも開発されています。

　また、Excel とは若干使い勝手が異なりますが、広く利用されているソフトとして Apple 社の開発・提供する「Numbers」というソフトウェアもあります。

　本書では、データ分析と可視化のソフトウェアとして、Excel を例に説明します。

(2) Excel の使い方

Excel を含めたソフトウェアの起動方法の詳細については、それぞれのコンピュータの使い方を参照してください。

Excel の画面は大きくは3つの要素から構成されています。

Excel の画面構成（MacOSX 版）

● メニュー

メニューは、ファイルの読み込みや保存などといった、ソフトウェア全体の操作から、セルのコピー等の操作の指示を行うことができます。

● データ入力領域

データ入力領域は、セルが格子状に並んでいる箇所です。マウスでそれぞれのセルを選択することで、そのセルに数値や文字を入力することができます。

各セルは、行の番号（数字で定義されます）と列（アルファベットで定義されます）で指定することができます。例えば、上から5行目、左から3列目のセルは、「C5」となります。この番号でセルを指定することを「参照」と呼びます。

● シートタブ

　シートは複数の表を一つのファイルの中で管理するための仕組みです。シートタブでデータ入力領域に表示するシートを選択することができます。タブの右側の「＋」と書かれたタブをクリックすることでシートを追加することができます。

(3) データ入力

　実際にデータを入力してみましょう。

　例として先程の表を入力してみます。

調査日	営業時間	来店者数
1	8	180
2	7	165
3	9	170
4	6.5	175
5	9.5	185

　左上のセルを選択し「番号」と入力します。入力後にキーボードの「Return（Enter、改行と書かれている場合もあります）」を押すと、次の行（下の行）が選択されるので、入力することができます。右側のセルに移動する場合はキーボード左側の「Tab（タブ）」キーを押してください。（入力が終わったら必ず保存しましょう。）

5 分析

(1) 尺度

　分析をする上で、統計を構成している数値が表してることがらに対し

ては注意を払う必要があります。

　先程の例では番号は名義尺度、営業時間と来店者数は比率尺度となります。また、もし身長や体重で順番に並べなおし順位の番号を与えると、それは順序尺度となります。

順位（順序尺度）	調査日（名義尺度）	営業時間（比率尺度）	来店者数（比率尺度）
1	2	7	165
2	3	9	170
3	4	6.5	175
4	1	8	180
5	5	9.5	185

(2) 分析

　作成した表の中のデータを計算することで、統計が全体としてもっている傾向を把握することができます。この傾向は「統計量」と呼ばれます。統計量にはいくつかの種類がありますが、本稿では「要約統計量（記述統計量、基本統計量、代表値とも呼ばれます）」について説明します。

　基本的な要約統計量と関連する計算量を以下に示します。

- ・合計
- ・累計
- ・平均
- ・最大値
- ・最小値
- ・中央値、四分位点
- ・最頻値
- ・標準偏差
- ・分布

　合計と累計は、要約統計量には含まれません。しかし、頻繁に登場するものですので、本稿では説明の対象とします。

(3) 合計

合計は、すべての値を足した値で、分析の様々な場面で登場します。最も基本的な分析の一つといえるでしょう。合計には「部分合計」と「全体合計」があります。

部分合計とは、ある値の集合の一部を合計したものです。例として用いている店舗についての調査が一つの地域についてのもので、別の地域についての表もあるならば、この合計は、部分合計となります。別のグループの部分合計と合算することで、全体合計となります。

順位（順序尺度）	調査日（名義尺度）	来店者数（比率尺度）
1	2	165
2	3	170
3	4	175
4	1	180
5	5	185
（部分）合計		875

(4) 累計

累計とは、例えば先程の例でいえば、順位1、順位1＋順位2、順位1＋順位2＋順位3……という具合に合計を積み重ねることです。日々の売上の増加状況を把握したりする場合など様々な場面で登場する分析です。

調査日（名義尺度）	来店者数（比率尺度）	累計
1	180	180
2	165	345
3	170	515
4	175	690
5	185	875

(5) 平均

平均を求めるのは、比較的ポピュラーな分析です。要素を合計し、要素数で割ることで得ることができます。このような平均は、厳密には「相加平均」と呼ばれます。

（本稿では触れませんが、平均には「相乗平均」というものもあります。こちらはすべての要素をかけ算し、要素数で冪根することで得られます。対数の平均を求める際などに用いられます。）

順位（順序尺度）	調査日（名義尺度）	来店者数（比率尺度）
1	2	165
2	3	170
3	4	175
4	1	180
5	5	185
合計		875
平均		175

(6) 最大値／最小値

最大値と最小値は、集合を構成している値の中の最も大きな数値と最も小さな数値です。非常に当たり前のことですが、最大と最小を把握することは、値がどのような分布をしているのかを把握する際の最初の手掛かりとして重要になります。

要素数が少ないのに極端に値に開きがあるような場合、要素をリニアスケール（均等尺度）ではなく、対数尺度で扱う必要が出てくる場合があります。このような場合、相加平均ではなく相乗平均を用いる必要が出てきます。

(7) 中央値、四分位点

中央値とは、データを小さい順に並べたとき中央に位置する値です。四分位点は、データを小さい順に並べ、4等分した際の四分の一、およ

び四分の三の位置の値です。それぞれ第1四分位点、第3四分位点と呼ばれます。中央値は、第2四分位点に相当します。

　中央値は、求められた平均値が有効ではない場合に用いられる場合があります。例えば、一部の標本が極端に大きな値で、平均を取ると、その一部によって偏ってしまうような場合です。具体的には極端に貧富の差が激しい国の平均年収を求めようとする場合等があります。このような場合には、平均値ではなく中央値のほうが標本全体の傾向を表す場合があります。なぜならば、標本を年収で並べた場合の中央付近が普通に近いためです。また、人口的にごく少数の富裕層の増減によって、平均が大幅に変動するようなこともないためです。

(8) 最頻値

　最頻値は、データの中で最も多く出現する値のことです。具体的には、アンケートの回答項目で最も多い回答番号のことです。その標本の中で最も出現する可能性が高い値ともいえるでしょう。

　最頻値は、注意が必要な値です。何らかの回答についての分布において、最頻値とその次点の値が離れたところに表れるような場合があるためです。一つしか山が表れない場合は「単峰性分布」と呼び、複数の山がある場合は「多峰性分布」と呼びます。多峰性分布になっているデータで最頻値を一つしかないと判断すると、他の山になっている箇所を見落とすことになってしまいます。

6　Excelによるデータ分析の手順

(1) 関数

　Excelには、先に述べた要約統計量（と関連する計算量）を求めるため計算の仕組みが予め用意されています。この計算の仕組みはExcelでは

「関数」と呼ばれています。Excelは多くの種類の関数が用意されていますが、使い方は基本的には同じです。ここでは「合計」を求める手順を通じて説明します。

● キーボードからの入力
  1. 先に作成したExcelのデータを開く。
  2. 合計の結果を表示するセルを選択する。
  3. すべて半角文字で下記の内容を入力する。
  4. =SUM(b2:b6)
  5. 合計が表示される。
● マウスを利用した入力
  1. 合計の結果を表示するセルを選択する。
  2. すべて半角文字で下記の内容を入力する。
  3. =SUM(
  4. 選択範囲の一番上のセルをマウスでクリックし、クリックしたまま一番最後のセルまでマウスのカーソルを移動させ、そこでマウスボタンから指を離す。
  5. 「)」を入力し、括弧を閉じる。
● 離れたセル同士の合計
  1. 合計の結果を表示するセルを選択する。
  2. すべて半角文字で下記の内容を入力する。
  3. =SUM(
  4. 合計したいセルをマウスで順番にクリックする。
  5. 「)」を入力し、括弧を閉じる。
● 離れたセルの範囲同士
  1. 合計の結果を表示するセルを選択する。
  2. すべて半角文字で下記の内容を入力する。
  3. =SUM(
  4. 合計したいセルの範囲のはじまりをマウスでクリックし、終わりのところまでドラッグし、マウスのボタンを離す。同じことを他の範

囲でも行う。
5.「)」を入力し、括弧を閉じる。

　Excelの関数はセルに埋め込まれます。Excelはセルに関数が入力されているのかを判断する際、文字列の最初の文字が「=（イコール）」かどうか、ということを手掛かりにしています。=の後のアルファベットの文字列は関数の名称を表します。先程の例では、SUMという文字列を用いましたが、これは英語の合計という単語です。関数名の後に「（　）（括弧）」があります。括弧の中に関数が計算する対象の値やセル参照値、範囲などが入ります。関数によっては値を一つしか受け付けないものもありますが、SUMは複数の値を受け付けます。複数の値は「,（カンマ）」で区切ることで入力することができます。

(2) 参照

　参照は、関数の中で、他のセルに入っている値を利用する際に有効な手段です。通常のExcelの参照は、相対参照と呼ばれ、入力されたセルから数えて、例えば上に向かって3個目、右に向かって2個目、というふうに、入力されたセルを中心に位置を決めています。そのため、セルをコピーして他の場所にペーストすると、セルの参照している位置も同じように移動してしまいます。これでは困ってしまうことがあるので、参照したいセルの位置をシートの中で特定することができます。このような定義の方法を「絶対参照」と呼びます。絶対参照は、列だけ、行だけ、行も列も両方、の3通りの定義の仕方があります。指定は、固定したいほうの前に「$（ドルの記号）」をつけます。

固定したい要素	定義の例
列だけ	$A1
行だけ	A$1
両方	$A$1

第 5 章
データの可視化

データを分析した結果を観察する上で可視化は有効な方法です。可視化は、データを構成する複数の要素の変動の関係性を視覚的に表現したものです。特に二次元もしくは三次元で表現されたものはグラフと呼ばれます。具体的には、折れ線グラフや棒グラフ、円グラフなどがあります。世界地図型で国毎に色の濃淡をつけるような方法もあります。これらは、厳密にはチャート（chart）と呼ばれるものです。分析者は問題の種類や明らかにしたいことがらに応じてチャートの種類を選び、適切なものがなければ、創意工夫を重ね新しい方法を考案します。現在までに様々な種類が提案されてきました。現在は、チャートを含めた可視化手法はグラフィックデザインや情報デザインの分野で注目されており、新しい芸術表現の分野になっています。本稿では基本的なチャートを紹介します。

1 可視化できる要素

具体的なチャートの例を紹介する前に、チャートとして表現できることは何か、というのを確認します。可視化することができる要素は、基本的には数です。本書の冒頭において、データ分析において扱われる数の種類が4つ紹介されていましたので、以下に再掲します。

- 名義尺度
    —名義とは名前のことです。アンケートの回答用紙の番号や、回答項目の番号など、様々な状況で数字を何かの名前として利用することがあります。このような数字を名義尺度と呼びます。名義尺度は、計算することができません。
- 順序尺度（順位尺度）
    —順番を表す尺度です。マラソンの1位、2位といった順番を

表します。大小、異同の比較をすることはできますが、計算をすることはできません。

- 間隔尺度
  - 順序尺度の特徴をもっていますが、二つの値の差の値は計算の対象として用いることができます。例えば、カレンダー上の日付があてはまります。10月10日から10月1日を引くことはできませんが、その間にある9日間という値は、計算することができます。
- 比率尺度（比例尺度）
  - 間隔尺度の特徴に加えて、数同士を加減乗除することができます。

名義尺度や順序尺度は、データを区別するための目印として用いることができますが、可視化すべき値ではありません。

前章までで取り上げた「商店街活性化に向けたヒントを得るための調査」にこれらを当てはめて考えてみると、名義尺度にはアンケートの通し番号や回答項目の番号が、順序尺度には質問紙調査の質問4や質問5の回答項目を回答数で並べた順番が該当します。

間隔尺度と比率尺度は可視化によって意味が表現される数です。間隔尺度は調査期間の各日の日付が該当します。特に何らかの仕掛けを施したことで発生する変化を見たい場合に、経過日数が重要な指標の一つとなります。比率尺度は商店街を訪れた人の数や売上、アンケートでの特定の回答をした人の数（頻度、ヒストグラム）などが該当します。

2　チャート

直感的にわかりにくい数値を表現する方法として、空間の中の位置や

長さ、大きさ、色などが用いられます。チャートはこれらの要素を効果的に組み合わせることで、値だけではなく、値同士の違い、値の変化の様を表現します。

(1) 棒グラフ

棒グラフは数値の大きさを棒の長さで表現します。基本的には、棒の太さや色は一定にし、長さのみが比較されるようにします。離散的な情報を扱う際に有効です。離散的とは、個々のデータが独立している、もしくは、それぞれの値が連続していないということです。例えば、人の身長のようにそれぞれの値が独立した要素になっているような場合です。

商店街の商店の種類毎の売上や、世代毎の支払い額などを比較する場合に有効です。

(2) 折れ線グラフ

折れ線グラフは、頂点の位置で値を表現し、隣り合う頂点同士を線でつなぎます。棒グラフとは逆に、連続した数の変化を離散的にデータ化した際に有効です。特定の人の身長のように本当は連続的に変化しているが、データを取る都合で、変化を測るタイミングが飛び飛びになってしまうような場合に有効です。

月次での売上の推移や商店街に訪れる人の流量の変化などを見る場合に有効です。

(3) 円グラフ

円グラフは個々のデータの総量に占める割合を表現します。アンケートの回答の偏りなどでしばしば用いられますが、データの数が多くなると見にくくなります。そのため、少数の回答を「その他」などの形で一括りにするなど、可視化の前段階での処理が必要不可欠です。また、データの異なりをわかりやすく表現するために、データ毎に色を変えたり、模様を変えたりする必要もあります。

商店街を訪れる世代の比率や、世帯構成の比率、アンケートの回答項

目の比率などを見る場合に有効です。

(4) 散布図

散布図は、個々のデータの含まれる2つの値を縦軸と横軸の座標とみなして点として表現します。点の分散や偏りが可視化されるため、2つの値の関連性を表現することができます。最大値と最小値が極端に違う（100倍くらい違うなど）ような場合、極端な偏りが発生してしまうことがあります。このような場合には、軸を対数尺にするなどの工夫が必要となります。

商店街の客の年代と訪れる時間帯を比較するような場合に有効です。

(5) レーダーチャート

レーダーチャートは、上述のグラフとは大きく異なります。個々のデータの特徴を表現するためのグラフです。データを構成する要素に対応した軸を放射線状に配置し、軸の上に値を表現します。個々のデータ毎のレーダーチャートを比較することで、データ毎の違いが表現されます。

商店街同士を比較したり、商店街を構成する商店の特徴を把握したり、商店街を訪れる客の世代毎の傾向を比較したりする場合に用いられます。

3 高度な可視化

先に説明したチャートは組み合わせることで、より多様な表現が可能となります。

(1) 同じ種類のチャートを組み合わせる

一つのグラフで複数の事柄を表現するための方法として、一つの軸に

対して複数の要素をグループ化し、それぞれを棒の長さで表現したり、頂点を打ち折れ線グラフにしたりする場合があります。時系列に沿って複数の要素の変化を並べて表現することができる一方で、一つの図に含まれる情報が多くなるため、グループ間で共通する要素は同じ色や模様にするなど、視覚的な整理が必要となります。

　商店街の調査においては、例えば時間帯毎や調査日毎で売上と来客数を比較する際に用いられることがあります。

(2) 累積棒グラフ

　累積棒グラフは、棒グラフとして総量の変化と構成する要素の割合も表現できる特徴をもつグラフです。構成する要素毎に色や模様を分け、その順番は終始同じになっている必要があります。総量は大きく変化していないが、構成要素の割合の変化が大きいような場合、あるいは一つの要素だけが飛び抜けて大きく変化に寄与しているような場合などに用いられます。

　商店街の来客者の総数と年代の構成の変化を、時系列に沿って並べて見るような場合に用いられます。

(3) 可視化の際の注意

　可視化において、正しくデータを理解し、可能な限り適切でわかりやすい可視化の方法を選択し、それを見た人が正しく、誤解なく理解できるように常に心掛ける必要があります。

　その一方で、わかりやすくするためでも、恣意的にデータやデータの尺度を歪めたり、意図的に順番を入れ替えたりするなどの操作はするべきではありません。このような操作は、結果的に伝えるべきことが歪んで伝わってしまう、結果的に嘘をついてしまうようなことへとつながってしまうためです。

　このようなことを避ける最も効果的な方法は、周囲の友人や指導教官などに見せ、正しく情報が伝わるように可視化されているかを確認することです。

4　可視化してみよう

では、実際に可視化してみましょう。

● 例1：1カ月の売り上げの変化

「商店街活性化に向けたヒントを得るための調査」において、商店街の中でもうまくいっているお店の商売の状態を把握することは有効です。そこで、まず最初の調査として、とあるお店の月次の売上を調査してみたことにしましょう。

下記のURLに架空のお店の月次の売上についてのデータを用意しましたので、ダウンロードし、Excelで開いてください。

http://www.keio-up.co.jp/kup/acskr/

(1) 統計量の計算

最初に基本統計量を計算してみましょう。

サンプルの表の最下部に、仕入れ、売上、来店者数について合計、平均、最大、最小の種類の統計量を計算しました。試しに、カラム「B14」(B列の14行目) をクリックしてみてください。すると下記のように記載されています。

=SUM(B2:B13)

SUMは合計を求める関数です。括弧の中はカラムB2からB13までという意味なので、ここではB2からB13までの範囲のカラムを合計するという処理が書かれていることになります。

同様に他の統計量についても計算用の関数が用意されています。

統計量	Excel 関数名
合計	SUM
平均	AVERAGE
中央値	MEDIAN
最大	MAX
最小	MIN

(2) 可視化①

次に可視化してみましょう。

最初にA1からB13までをマウスで選択します。

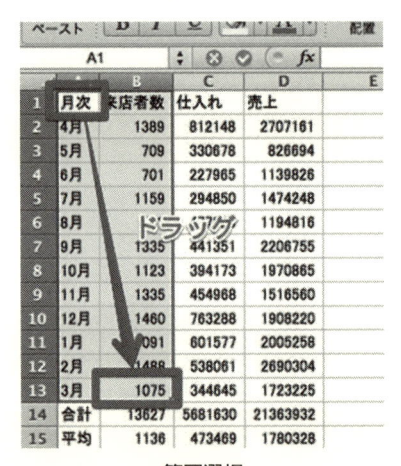

範囲選択

次にグラフタブを選択し、「縦棒」ボタンを選択します。

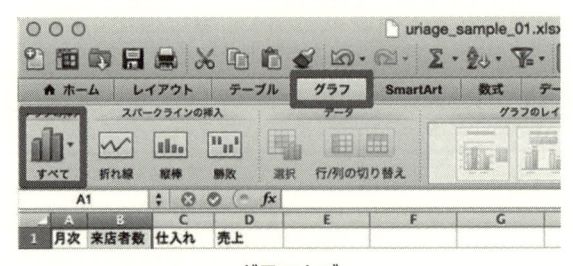

グラフタブ

表示されたポップアップメニューから「2D-縦棒」の「集合縦棒」を選択します。

集合縦棒を選ぶ

すると、表の右側、もしくは空いたスペースにチャートが表示されます。チャートは自動的に縦軸を仕入れ、横軸を月次として出力されています。チャートのタイトルも「仕入れ」となっています。これらは、Excel が自動的に判断して出力したものです。

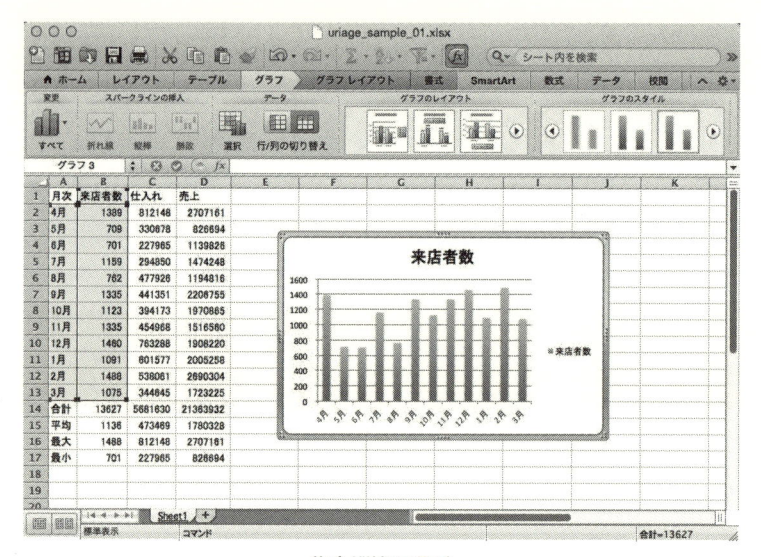

集合縦棒を選ぶ

次に複数列を選択してみましょう。

今度は、A1 から D13 までを選択し、先程と同じ手順で「集合縦棒」を選択してください。先程とほとんど同じチャートが出力されますがタイトルはありません。人によっては最初のチャートの上に書き出されてしまっているかもしれません。その場合は、マウスでドラッグして移動させてください。

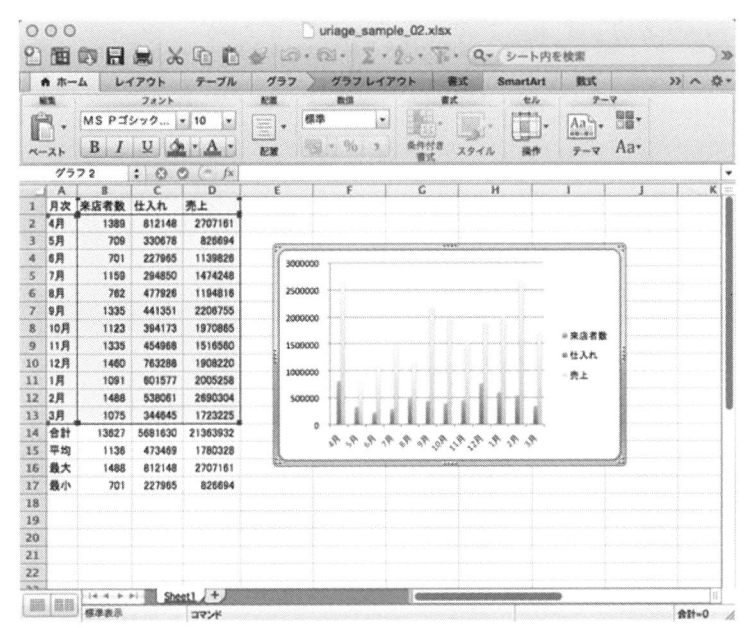

集合縦棒

　今度のチャートでは、右側に「来店者数」、「仕入れ」、「売上」と記載されています。これらは「凡例」と呼ばれ、チャートに表示されているデータの要素の対応関係を示します。

　出力されたチャートを見てみると仕入れと売上に対応した色の縦棒は表示されていますが、来店者数を表す縦棒は見えません。値の桁が極端に異なるため、このような表示になっています。極端に値の違いがある要素をまとめて表示しようとすると、このような状態になることがあります。

　「来店者数」を除いたものを作成してみましょう。

　最初にA1からA13までをマウスでドラッグして選択します。次に、Macintoshの場合は追加したい範囲をキーボードの「コマンド（command、cmd）」キーを押しながら選択します。Windowsの場合は追加したい範囲をキーボードの「コントロール（Control、ctrl）」キーを押しながら選択します。

第 5 章　データの可視化

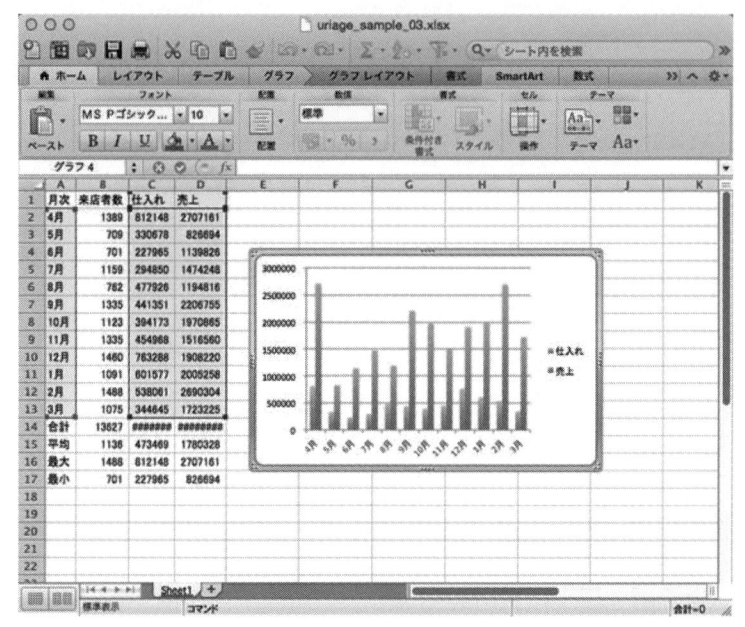

仕入れと売り上げ

（3）可視化②

　前段階で要約統計量を計算し、可視化してみましたので、ここでは、より見やすくするという点に力点を置きます。

　前節の最後のグラフで、仕入れと売り上げををを出力したところ、変化しているのはわかるが、変化している度合いがわかりにくいものになってしまいました。また、調査開始の月からの何カ月目かということを可視化する上で、何月か、ということは重要ではありません。

　そこで、仕入れと売上は、基準になる値を決めてそこからの増減として表現してみましょう。また、月次については調査開始の月からの経過月数としてみましょう。

●列の挿入

　最初に、経過月数を入力するための列を追加します。列は、最初に追加したい箇所の右側の列の列名を右クリックし、メニューから「挿入」を選択することで追加することができます。

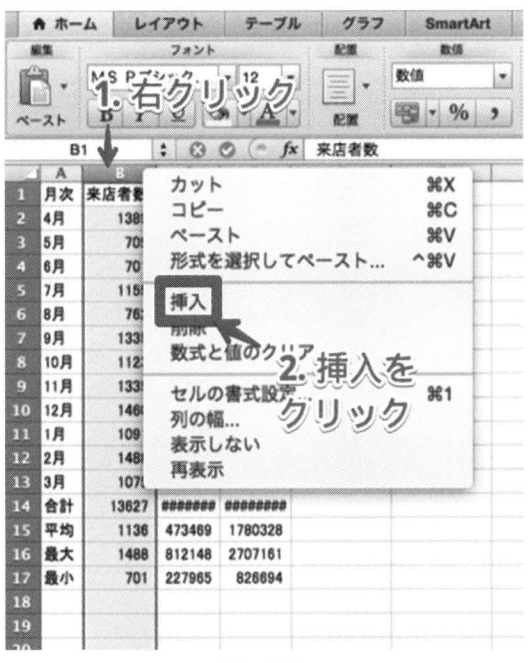

列の挿入

列が挿入されたら、列名をクリックして、列全体を選択し、メニューの「数値」というプルダウンメニューから「数値」を選択します。

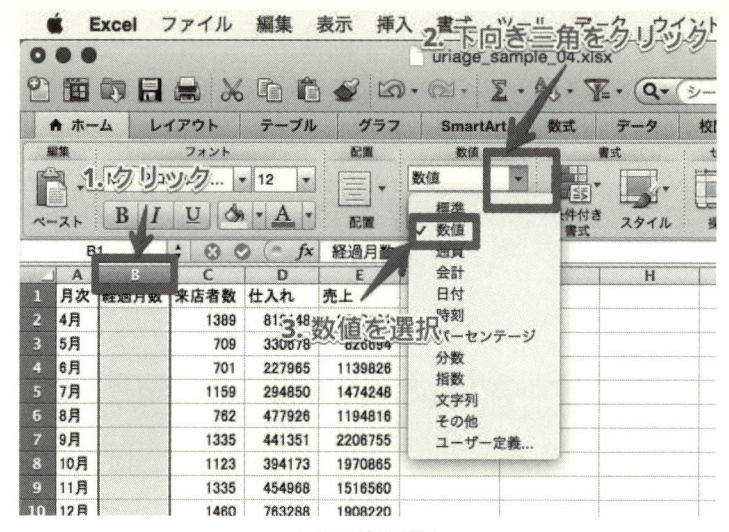

セルの値の種類

1 行目に、「経過日数」と入力します。

● 連続する数の入力

データの整理をする際に、目印として、行や列に連番を振りたい場合というのがあります。Excel では、そのような場合にマウスをドラッグした範囲に連番を自動で入力する機能があります。

2 行目と 3 行目にそれぞれ、1、2 と入力します。どちらも「半角」で入力してください。

入力したら、ドラッグしてこの 2 つのカラムを選択し、選択範囲の右下をマウスで 32 行目までドラッグしてください。Excel は、最初に選択した範囲の値が、何らかのルールに基づいて連続した値であるとみなし、そのルールに基づいて値を自動的に入力します。

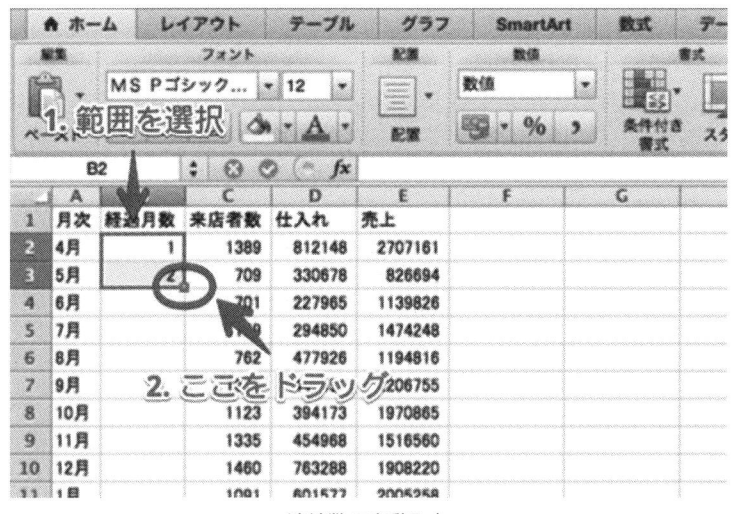

連続数の自動入力

●セル同士の計算

次に、仕入れを初月からの変化として見ることができるようにします。

先程と同じように、売り上げの列の右側に列を追加し、1 行目（E1）に「仕入れのばらつき」と入力します。

次に、2 行目（E2）には下記の数式を入力します。

=D2-$D$2

一見同じセルを引き算しているようですが、引いているのは、絶対参照のD2となります。

補完されたセルのどれかを選択すると、絶対参照で指定したセルはそのままですが、その他のセルの参照は変化しています。Excelは、参照が絶対参照ではない場合、位置に応じて、自動的に参照する先を変更するためです。

次に、このセルの右下を下方向にドラッグすると、各セルが補完されます。

第 5 章　データの可視化　　97

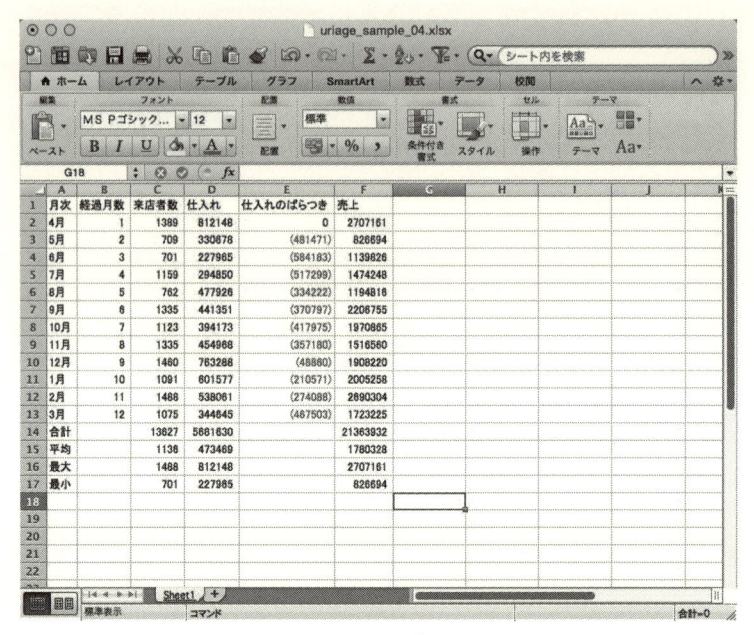

	A	B	C	D	E	F
1	月次	経過月数	来店者数	仕入れ	仕入れのばらつき	売上
2	4月	1	1389	812148	0	2707161
3	5月	2	709	330678	(481471)	826694
4	6月	3	701	227965	(584183)	1139626
5	7月	4	1159	294850	(517298)	1474248
6	8月	5	762	477926	(334222)	1194816
7	9月	6	1335	441351	(370797)	2206755
8	10月	7	1123	394173	(417975)	1970865
9	11月	8	1335	454968	(357180)	1516560
10	12月	9	1460	763288	(48860)	1908220
11	1月	10	1091	601577	(210571)	2005258
12	2月	11	1488	538061	(274088)	2690304
13	3月	12	1075	344645	(467503)	1723225
14	合計		13827	5681630		21363932
15	平均		1136	473469		1780328
16	最大		1488	812148		2707161
17	最小		701	227965		826694

初月との差

　E3からE13までのすべてが赤字の括弧括りで表されています。これは、赤字（マイナス）であることを示すExcelの表現方法の一つです。気になる場合は、先程のようにセルの値の種類を変更することで、表現を変えることができます。

　E2以外のすべての値がマイナスになっているため、かえってわかりにくくなってしまいました。また、初月が適切な基準かどうかははっきりとは言えません。

　そこで、平均からどのくらい離れているかということを手掛かりにします。先程と同じように、仕入れのばらつき列の2行目（E2）に下記の数式を入力し、下方向にドラッグして各セルを補完します。

=D2-$D$15

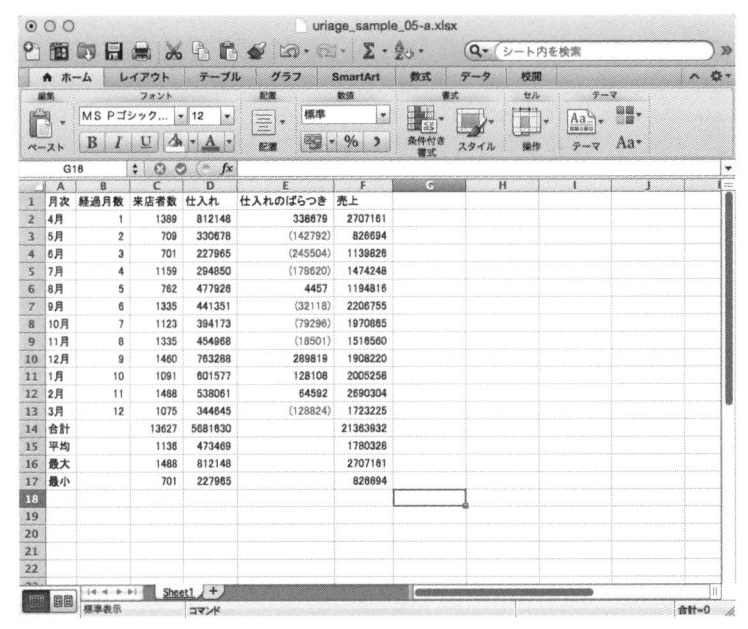

平均との差

では、経過月数と仕入れのばらつきでチャートを作ります。

最初に仕入れのばらつきの列を選択し、先程と同じようにチャートを生成します。今度は、折れ線グラフを使います。

横軸に対応した列を選択していないので、最初の時点では、行番号が横軸に用いられています。

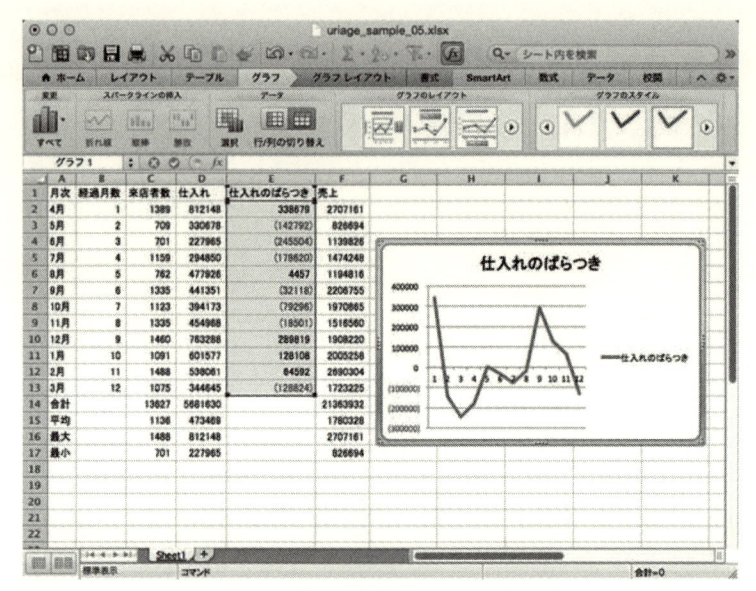

仕入れの変化（1）

次に横軸に経過日数を適用します

作成したグラフにデータ等を追加するには、グラフを右クリックし「グラフデータの選択」を選択します。表示されたウィンドウで、X／項目軸の右のボタンをクリックし、「経過日数」の列を選択します。

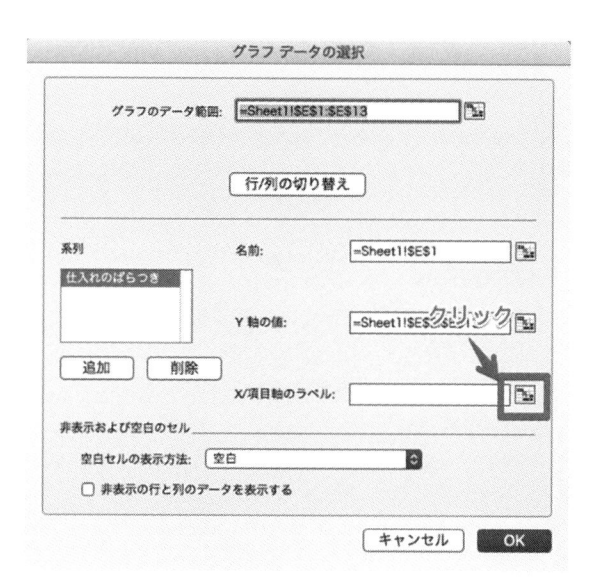

X／項目列の指定（1）

X／項目列の指定（2）

X／項目列の指定（3）

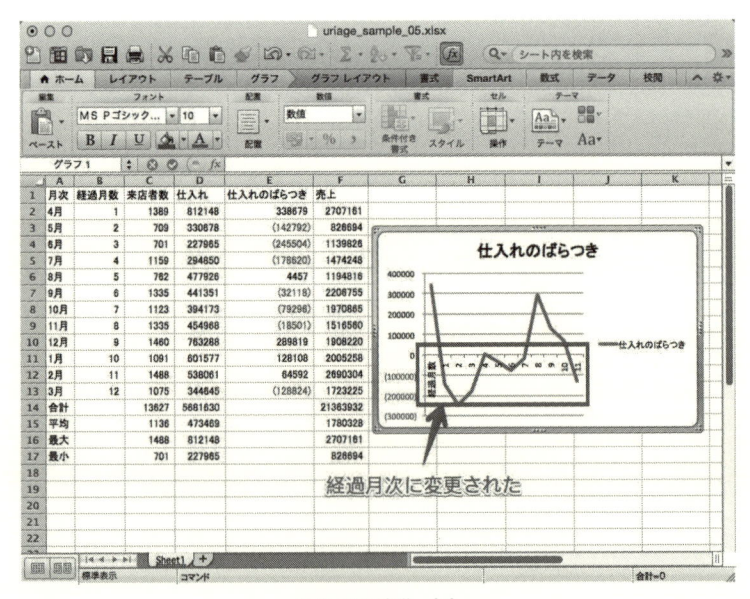

仕入れの変化（2）

（4）複数の要素の比較

次に複数の要素を比較してみましょう。

ここでは、サンプルの来店者数と売上に注目します。しかし、来店者数と売上では単位が異なるため、単純には比較ができません。そこで、一旦、単位をそろえるため、平均に対して何パーセントだったのかを見てみることにします。

来店者数の列の右側に追加し、2行目に下記の式を入力して、セルの右下をドラッグしてください。数値の種類は「パーセント」に変更します。

=C2/$C$15

売上についても同様に列を右側に追加し、2行目に下記の式を入力して、セルの右下をドラッグしてください。こちらも数値の種類は「パーセント」に変更します。

=F2/$F$15

最後に、平均来店者数比と平均売上比の列を選択し、折れ線グラフを選択し、X／項目列の指定で経過月数を指定します。

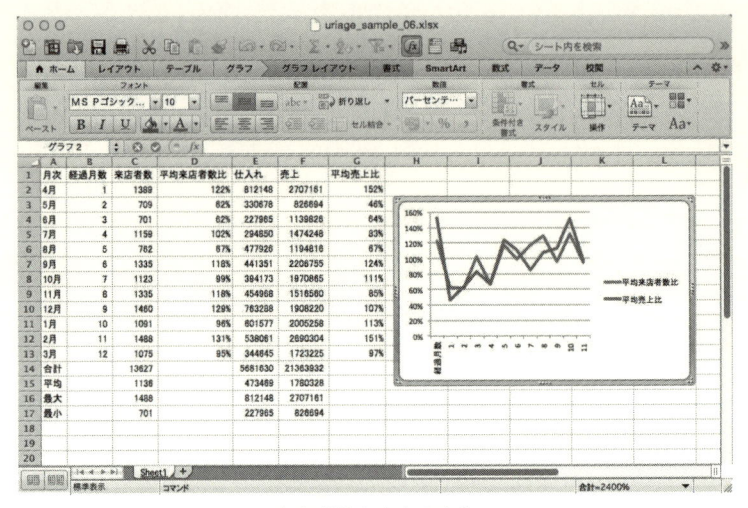

来店者数と売上の変化

　このデータを見る限りにおいて、来店者数の増減と売り上げの増減はなんとなく、関連していそうに思われますが、第7月と第8月は明らかに異なった傾向が見られます。調査を深める場合まずこの2カ月と他の月を比較してみるのがよさそうに思われます。

(5) スタイル設定

　先程までの可視化は、要素数が少ないため、それほど気にはなりませんでしたが、要素数が増えるにしたがって、見やすさを工夫する必要が出てきます。工夫は、チャートの種類や配色、線の種類、模様など多岐に及びます。Excelでは、典型的なチャートのデザインと配色があらかじめ用意されていますので、最初はできるだけ色々なチャートと配色を試して検討しましょう。特に資料を印刷する際に、モノクロのプリンターやコピーが用いられることがあります。そのような場合には、色ではなく、模様や線種などで区別をつける必要があります。

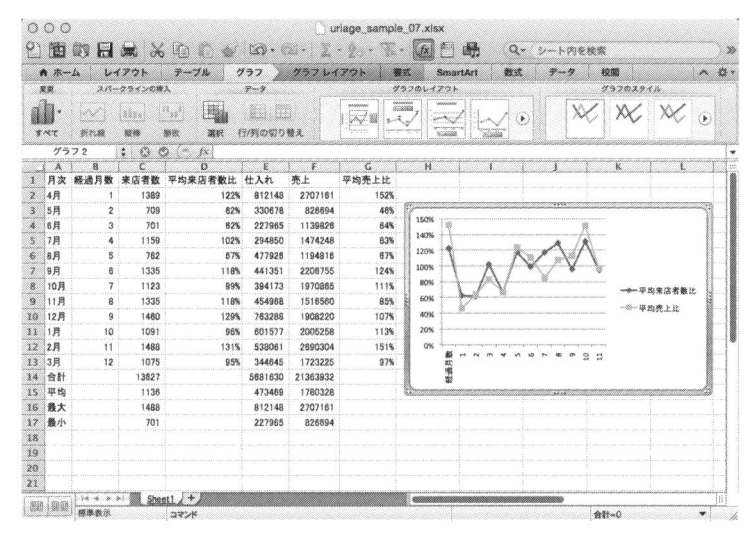

来店者数と売上の変化来店者数と売上の変化（別デザイン）

5 アンケートの可視化

　次にアンケート結果の可視化をしてみましょう。

　アンケートでは、しばしば、回答方法として選択肢が用いられます。「商店街活性化に向けたヒントを得るための調査」の質問紙においても用いられています。

　選択肢には何らかの管理番号がふられることがあります。この番号は名義尺度となります。

　分析をするためには、分析が可能な状態にアンケートの回答を仕立て直す必要があります。

　ここでは例としてアイドルグループ嵐のコンサートにおける来場者の購買活動についての質問紙調査の結果を仕立て直した上で可視化してみましょう。arashi_goods_201207121608.xlsx を開き、シートタブの「問

2」をクリックしてください。なお、このデータは慶應義塾大学総合政策学部の金藤礼実君が提供したデータをもとに可視化用に整理しなおしたものです。

　このシートは、行が回答者で、回答項目とクロスするところに数字の「1」が入力されています。

　この質問は複数回答を許容しているため、一人の回答者が複数の回答項目をもっている可能性があります。そこで、回答項目毎に集計する際の工夫として、回答者の回答した項目に対して1という数字を入力しておき、最後に合計しています。この合計はその回答項目の出現頻度となります。

　次にこの回答の頻度を可視化してみます。

　1行目と77行目を選択し、円グラフを選択してください。

　円グラフは特定の回答が全体の中でどのくらいの割合を占めるのかをよく表します。

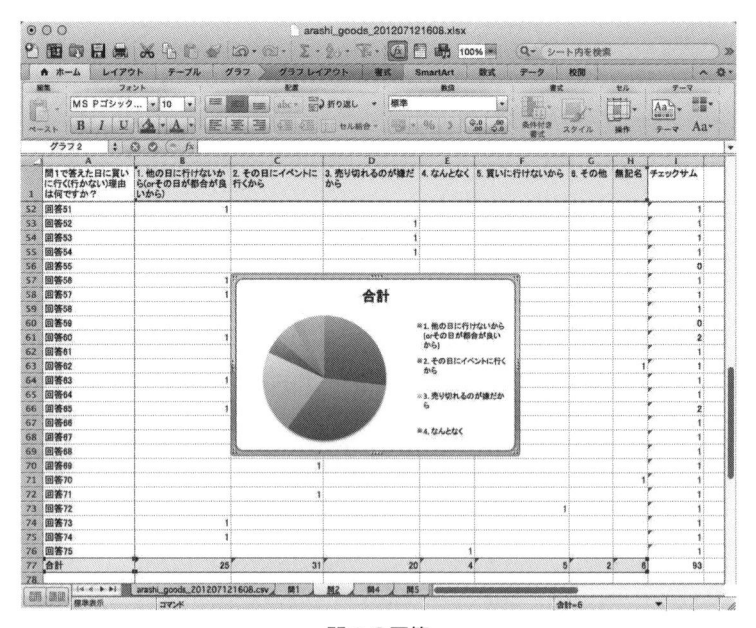

問2の回答

6 関係性の可視化

　データが複数の要素で構成されているとき、データを構成する要素の関係性を検討したい場合があります。このような場合に有効なのが散布図です。

　商店街の調査のような場合、年齢層と商店街を訪れる時間帯を比較したり、商店間を2つの要素（例えば店舗面積と売上）で比較するような場合に用いられます。

　ここでは、gakushoku.xlsx を例として用います。このファイルは、過去の慶應義塾大学湘南藤沢キャンパスの学生食堂のメニューの値段とカロリーをまとめたものです。総合政策学部の富田悠生君に提供していただきました。

　B列とC列を選択して、グラフから「散布図」を選択してください。

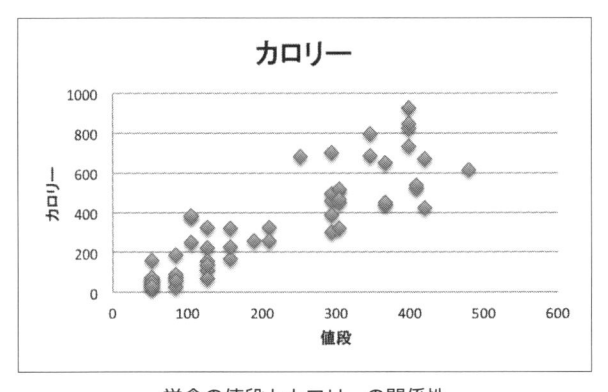

学食の値段とカロリーの関係性

　一番値段が高いのは「カツカレー」ですが、一番高カロリーなメニューではないようです。一方、一番高カロリーなメニューは「特選ハ

第5章　データの可視化　　107

ンバーグ丼」ですが、実はそれほど高カロリーなメニューではないようです。しかし、全体の傾向として、値段が高いものはカロリーも高くなる傾向があるようには見えます。

7 まとめ

　本章では、可視化ということで、収集したデータの分析の基本的な手順について駆け足で紹介しました。データ分析は、仮説に基づいて収集したデータを処理、可視化、観察し、次に分析すべきことを見つけていく作業です。データと対話しながらそのデータの語る事実へと迫っていく作業です。可視化はデータを観察するために重要なプロセスです。本章では統計の重要な概念である分布や偏差などについては触れませんでしたので、より行動的な分析を志す方はぜひ、これを機に統計学の入門書などを開いてみてください。また、可視化そのものに関心をもった方はデータ可視化、データビジュアライゼーションについてぜひ調べてみてください。

第 6 章
研究成果の発表について

調査によりデータを収集しそれらを分析・考察すると、次は成果発表のステージに入ります。なぜ我々は発表するのでしょうか。発表を行うことは、「自分の考えを聞いてもらうこと」であり、「自分の考えを整理すること」でもあります。また、「発表を聞いてくれた人の意見をもらいながら自らの考えをより重厚にできる」という効果も持ち合わせています。そして、一回の発表で、時に大きなチャンスがめぐってくることもあります。筆者の西山も、今まで学外で多数の講演や研究発表を行う機会に恵まれ、これにより大型研究プロジェクトを率いるチャンスを得たり、貴重な研究の仲間に多数出会うことができました。そのくらい研究発表というものは意義深いことですから、調査を行い、データを収集し研究成果の公表にまで来たら、最終ステージだと思い真剣に取り組んでほしいと思います。

　元来、人は聞くことよりも話すのが好きといわれます。人の話を聞くと眠くなることはありませんか。それが、聞くことよりも話すのが好きな我々の習性をよく物語っていますよね。だからこそ、発表資料を作る際は、常に「聞き手サイドが聞きたいことを考えながら作る」ことも大事です。また発表資料を見ながらではなく相手の顔を見て話すのが効果的で印象がよいものです。発表資料を棒読みする発表は自信がなく見えるし、声もこもりがちになります。

　なお研究成果の発表は、概ね次のような流れで行うことが一般的なので習慣づけましょう。

1 研究成果の発表の流れ（パワーポイントの流れ）

①発表タイトルと発表日・発表者等のスライド
②はじめに
③研究の社会的な背景
④研究の目的
⑤研究の手法及び内容
⑥調査で得られたデータの分析結果
⑦分析結果に基づく考察（分析結果と他者のデータを組み合わせ、言えること等をまとめる）
⑧本研究の成果のまとめ（成果を箇条書きにしてまとめればよい）
⑨今後に向けた課題（後に続く人が取り組むべき課題をまとめる）
⑩おわりに
⑪謝辞
⑫参考文献

　当然、発表制限時間を考慮しながら、「⑥調査で得られたデータの分析結果」から「⑧本研究の成果のまとめ」の発表スライドの枚数を増やし、発表を行うことになります。通常は、パワーポイントの1スライド＝1分での発表と考えると、聞き手が理解しやすいといわれていますので参考にしてください。以下では、発表スライド制作のポイントを述べます。

2 パワーポイント資料の作り方の三大基本事項

① 1分1枚のペースとする
② 3つの項目で説明する
③ 「絵や写真」と「文字」を半々ぐらいにする

　パワーポイントの発表資料については、上記の三大基本事項を守りつつ作るとよいです。よく人間は、1スライドに2つの項目で説明されると物足りなさを感じ、4つ以上の項目で説明されると複雑さや難しさを感じ始めるといいます。ゆえに、1つのスライドで3つの項目で説明すると聞き手の満足度も維持できるというのが、一般的な考え方です。また説明に効果的な絵や写真も適宜含めるようにして、ビジュアルに説明することも必要です。例えば、筆者の西山は、電気自動車や鉄道の研究を永らくして来ましたが、実際に試作に関わった電気自動車の画像や動いている模様を撮影したムービーを流して、聞き手の目が輝き出し真剣に話を聞く姿勢が長く維持されることを多数経験して来ました。それだけ絵や写真、動画等の視覚的コンテンツは研究発表で有効なので積極的に入れていきましょう。

3 文字ベースのスライド資料の基本

① 3項目かつ24ポイント以上での説明が標準
② 重要な項目の順に書く
③ 絵や画像、動画のカットが入るとベター

　文字のスライドは、24ポイント以上の大きな文字サイズで3項目程度にまとめておくのがよいです。聞き手にとって、24ポイントより小さい文字は字を真剣に追うことになりがちで、インタフェイスとして好まれません。項目は、重要で伝えたいことから聞き手にインプットできるようにしましょう。たとえ文字ベースのスライドでも絵や画像、動画のカットが少しでも入るとスライドに華が出るものですし、聞き手を飽きさせないことにつながります。

（参考）文字ベースの発表スライドのよい例

4 絵や画像資料をベースとしたスライドの基本

① 1スライドで1つの絵や画像のみを大きく魅せる
② 白黒ではなくカラーできれいに魅せる
③ 絵や画像資料のキャプションを入れる時もわかりやすいように24ポイント以上に。

あえて「見せる」でなく「魅せる」と書きましたが、パワーポイントはその日本語訳の通り、説明したいことの「力点（＝力を入れて説明したい点）」を効果的に視覚化したものとなります。ゆえに、絵や画像も人を引きつける魅力のあるものでないといけませんし、それは大きいほうが聞き手の満足感向上につながるものです。これはやはり筆者の西山の経験でありますが、同じ最先端の電気自動車や鉄道車輌の説明をする時も、より大きい画像の方が、車輌が当然格好良く、堂々として見えるものです。当然聞き手も資料を見て満足してくれます。どういうふうにすれば相手を魅了できるか、常に考え資料を作りたいものです。

日吉慶應商店街の特徴

車いすの利用者でも商品を買いやすい自販機が多数！

（参考）絵／画像ベースの発表スライドのよい例

5　式のスライドの基本

① 1 枚に 1 〜 2 式
② 式番号を付ける
③ 記号の意味を書く

　理工系に進む学生さんは、式の説明スライドを作ることも今後増えてくると思いますが、発表は必ずしも理工系ばかりの人が聞くとは限りません。文系の人でもわかるように可能な限り、大きな文字で 1 枚に 2 式程度にとどめ記号の意味も例のようにしっかり説明しましょう。

```
商店街飲食店の月商予測

【基本式】
・ Y=A*B*C*D    式（1）

Y=月商  A=客席数  B=回転率
C=平均客単価  D=1ヶ月の営業日数

【具体例】
・客席数10席の飲食店で1日4回転するとして，平均
  客単価800円，1ヶ月の営業日数が26日だとすると，
  月商は10席×4回転×800円×26日で，約83万円と
  いう計算になります．
```

(参考) 数式の発表スライドのよい例

6 グラフのスライドの基本

①横軸、縦軸は明確に
②文字は 24pt 以上を守る
③線の説明は線のすぐ近くに
④グラフと文字列の色の組合せをはっきりと

　グラフについても、門外漢の人でもわかるようにできるだけ大きく配置し、できるだけ興味を持ってもらえるようなビジュアルなものをつくるよう、心がけてほしいと思います。手元のパソコン画面ではグラフと付随する文字がはっきり読めても、大きなスクリーンに映し出されると色のコントラストがあまりはっきりしないことも多いので、注意して作成してください。

商店街飲食店の売上高

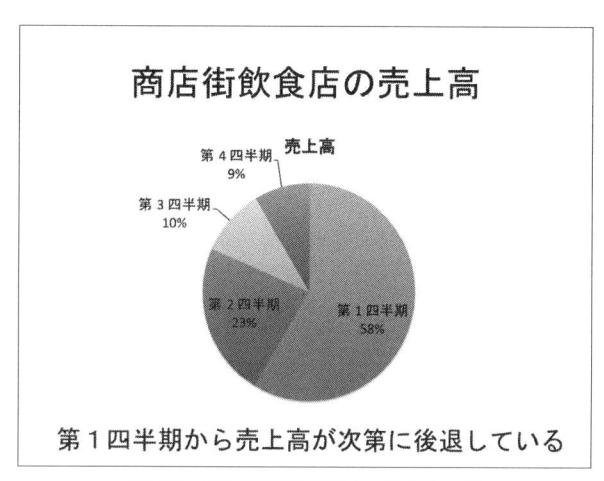

第4四半期 9%
第3四半期 10%
第2四半期 23%
第1四半期 58%
売上高

第1四半期から売上高が次第に後退している

（参考）グラフの発表スライドのよい例

7 表のスライドの基本

① 3行／3列程度を標準に
② 24ポイント以上の文字で
③ 最も強調したいところは、色を変えたり、フォントを変える。

	雰囲気	歩きやすさ	品揃え
日吉慶應	80点	65点	70点
新宿早稲田	75点	75点	75点

日吉慶應商店街と新宿早稲田商店街の比較

新宿早稲田商店街の方が雰囲気・歩きやすさ・品揃えで安定的なレベルを保ち，日吉慶應商店街は，雰囲気が断然良いが歩きやすさや品揃えが劣る．

（参考）表の発表スライドのよい例

　表についても、24ポイント以上の大きな文字で端的に表していきましょう。時々凝った複雑な表を見せている人もいますが、結局短時間での理解にはつながらないのでシンプルに作るように心がけてください。パワーポイントの資料制作はシンプルイズベストの世界です。

8 パワーポイントでのプレゼンテーション実行のポイント

①練習を何度も、何度も行う
②練習に基づいて、話しやすいように資料を修正する
③原稿を読んではいけない

　発表の練習は何度も、何度も、繰り返して行いましょう。そして話しやすいように資料を何度も修正して、聞き手の立場でわかりやすいかを常に点検しましょう。堂々と、自信をもっている感じを出すためにも、原稿を棒読みせず、相手の顔と目を見て語りかけるように発表を行いま

しょう。発表は、聞き手の人とのコミュニケーションが生まれるチャンスですから、相手との信頼感が気づけるように自信があふれる感じで行いたいものです。

その他応用として、最近は発表用の部屋にパソコンをつなげられるディスプレイが複数用意される部屋も増えて来ました。筆者の西山は、大学院生に左画面にデータを投影して右画面に考察を投影し、データと考察を同時に見られるようにする方法も教示してきました。そうすると聞き手もデータと考察の理解が統合化されて好評なので、試してみてください。

（参考）複数の画面を活用して発表を行う事例

9　調査の結果・分析をレポートや論文にまとめる際の注意点

調査結果を分析し、レポートや論文にまとめる際の注意点は次の通りに整理されます。その前提で実地調査を伴うレポート・論文の通常の流れを示します。

《実地調査を伴う研究のレポートや論文の通常の流れ》
1. はじめに
2. 研究の社会的な背景
3. 研究の目的
4. 研究で用いた実地調査の手法と具体的な実地調査の経過
5. 実地調査で得られたデータの分析結果
6. 分析した結果の考察
7. 研究の今後に向けて残された課題
8. おわりに
謝辞と参考文献

上記の流れですが、ポイントを以下に列記します。

(1) 前半では、研究の社会的な背景（研究テーマの現状と今テーマを取り上げて研究する必要性が高い理由）とそれに基づく研究の目指すべきところを書きます。そして中盤で、どのような実地調査を行ったのか等、いわゆる企画書に書いた調査の具体的な手法と共に、実際に調査がどのような流れで行われ、有効回答がどの程度得られるまでに至ったのか、その時間的な流れを4番目に書きます。

(2) 実地調査をして得られたデータを分析した「結果だけ」をグラフや表にして挿入します。「結果だけ」と強調したのは、よく分析結果と他の研究結果や文献の情報、データベース等を足して言える結果、つまり「考察」と結果を混ぜて書く人が初心者には非常に多いからです。まずは、得られたデータを整理した結果のみ書くように心がけましょう。有効回答者の属性（性別での分類、年齢の分類など）もここに書きましょう。

(3) 表とグラフ、記録した画像は、文章中に適宜挿入すると、読み手側の理解がよくなり効果的です。一般に、表やグラフ、記録した画像類

は、ページの上の方か下の方に固めて掲載することが通常の方法です。表やグラフ、記録画像が多く、しかもそれが文章を途切れ途切れにさせると、読み手の読解にかえって悪い影響をもたらします。また表のキャプションは表の上に、グラフや記録の画像のキャプションはそれらの下に書くことが、学問的習わしになっています。

（4）そして考察は、結果の後に「分析結果を受ける形で」書き、結果の部分とは独立させて書きます。例えば分析結果の項と考察の項は明確に分けて書きます。特に考察は、自らの調査結果に他の研究成果やデータベース、マスコミの記事等の公的な情報を加え、言えることを導き出す作業ですので、どのような情報を加えたのかをしっかり書くようにし、読み手に考察の根拠を明示しましょう。

（5）末尾で、レポートや論文で積み残してしまった今後に向けた課題をまとめておきます。これは後輩諸君が読んでも役に立つように書きます。さらに調査の遂行上でお世話になった協力者や被調査者への謝意を書き、参考文献とともに記します。

　ポイントは以上ですが、当アカデミック・スキルズのシリーズでは『学生による学生のためのダメレポート脱出法』等、レポートや論文の書き方についての本も出ていますので、あわせて参考にするとよいと思います。

附録

質問紙調査法と面接法（聞く調査）の比較	126
実地調査の道具	128
実地調査の「説明書」と「同意書」のサンプル	133
参考文献リスト	137

本書では、少々応用的な色が強いのですが、実地調査に役立つ附録をつけています。
　まず「質問法と面接法の比較」では、それぞれの長所と短所、および長所を維持するための工夫や短所を補うための工夫を記してあります。特に、質問紙調査は定量的で獲得するデータの量を多くすることに有効ですが、面接法と異なり被調査者と直接コミュニケーションを取り難いため、配布する質問紙をいかにわかりやすく、答えやすくするかが鍵になります。一方、面接法では被調査者との対面コミュニケーションの方法により回答の質が変わるので、調査者の腕に依存する部分がより大きくなることが表よりわかると思います。特に、最近では一ないし二年次からゼミを行う大学が増えており、教員や学生メンバーとこの内容を共有して、表にある「短所への対策」もしっかり行いたいものです。
　次に見る調査や聞く調査で用いる道具について述べています。実際に調査する場面で活用してほしいと思います。
　実地調査の「説明書」と「同意書」は、本書の筆頭著者である西山が実際に研究で使用したものです。これは、病院の物流を担当する人の負担を軽減する装置の使い勝手の調査を行った時の実例ですが、通常はどのような調査であっても、次の12の件を含めた文書を作っておきます。そして被調査者に説明して、同意が得られた人に実地調査を行うことがマナーです。大学によっては、こうした12項目を含めた説明書及び同意書のフォーマットを用意してあるところも増えていますので、学部の研究倫理を担当する先生への確認をするとよいと思います。特に、人を対象とする研究では、説明と同意に十分注意を払う癖を早いうちにつけたいものです。また、こうした倫理的な側面に一層の注意を払う大学も増えつつありますので、こうした実地調査を取り巻く社会的な流れを覚えておきましょう。

1　研究目的
2　研究協力の任意性と撤回の自由
3　研究方法・研究協力事項

4 研究協力者にもたらされる利益および不利益
5 個人情報の保護
6 研究終了後のデータ取扱の方針
7 研究計画書等の開示
8 協力者への結果の開示・研究成果の公表
9 研究から生じる知的財産権の帰属
10 研究終了後の試料取扱の方針
11 費用負担に関する事項
12 問い合わせ先

附録1 質問紙調査法と面接法（聞く調査）の比較
その長所・短所・対策（目白大学西山里利専任講師の資料を参考に一部改編）

	質問紙調査法
長所	・一度に多くの対象のデータが収集可能。マクロ的（大勢の人を対象とした現状調査・ニーズ調査等）な情報収集に向いている。 ・対象者が特定されにくい。→①
短所	・面接法よりもデータ内容が希薄。 　→②聞ける範囲・回答内容が限られる。 ・質問紙を配布したら修正できない。 　→③途中で聞きたいことが増えた、訂正したいと思ってもできない。 ・設問の文言で回答される。 　→④聞きたいことに回答してもらえない、齟齬が生じる恐れあり。 ・回答のための手間と時間がかかる。 　→⑤無回答、本心と異なる回答をされるという限界がある。 ・回答の背景がわからない。 　→⑥周囲が騒がしく集中できない中での回答やなりすましもあり。 ・回答者の特性がわからない。その場の気持ちがわからない。 　→⑦設問の文言によって気分を害する可能性あり。 ・調査者に料金がかかる。 　→⑧郵送による回収、依頼時の交通費など
対策	①無記名で回答するよう記す。回収した質問紙はIDを振り、統計処理を行い、特定されないように処理する。 ②本当に質問紙調査法で明らかにしたいことなのか、もう一度考えてみる。面接法の方が適切である場合あり。 　回答に効果的な設問にする。そのためには、文献検討で先行研究を洗っておく。記述式よりも選択肢を多く用いる。…⑤も同様 ③予め完璧な質問紙を作成する。文献検討→教員・メンバーとの妥当性の検討→プレテストの実施（設問内容、設問の仕方の妥当性を確保する）により修正する。…④⑦も同様 ⑥本調査法の限界である。論文執筆時、研究の限界を明確に述べる。 ⑧留め置き法や料金後納等の方法もある。ゼミ費により支出する。

面接法（聞く調査）
・一人の対象者の濃密なデータが得られる。→①   ・対象者の反応を見ながら、質問の修正や調整ができる。
・多くの対象者のデータはとれない。 　→②面接自体に時間と労力がかかる。相手との調整が必要である。 ・質問内容によっては、心理的な威圧感、評価される思いを与えてしまう。 　→③対象者や質問内容によって、倫理的配慮が特に必要なケースがある。 ・協力者に時間と手間、交通費等をかけさせてしまう。 　→④面接に協力的かどうかにより、気持ちの負担度も増す。 ・面接の仕方により、結果が異なってくる。 　→⑤面接技法を求められる。依頼の仕方にも配慮する。 ・面接時、了承を得て録音させていただくが、時間が経つと面接の場の雰囲気が想起できなくなる。 　→⑥面接後、データを自分で文字興しする必要がある。
①対象者から得られた情報の保護、管理に務める。 ②計画的に進める。早め早めに計画を立てて取り組む。早めに行動すれば、多くの人のデータがとれる。 ③倫理的配慮を十分に行う。特に、生活弱者（障害児・者、子ども、高齢者）には配慮をする。研究倫理審査委員会に申請し、承認が得られてから実施する。 　計画書立案時、教員・メンバーによく確認してもらう。 　インタビューガイドを作成し、面接の練習を行い、対象者に面接の評価をしてもらう。 ④予め、どの位の時間かかるのかの情報提供と同意を得る。交通費や謝礼の準備を行う。ゼミ費により支出する。 ⑤質問内容に関連する事項は情報を予め、豊富に持っておく。この人になら、と回答してもらえるケースもある。 　対象者との関係づくり、面接の場の雰囲気づくりも重要である。緊張感を持たせない。 　誘導になると、得たい結果が出ない、あるいは、恣意的な結果になる。 　面接の依頼時、どの範囲を告げておくのか吟味する。情報を提供しすぎると、聞きたいことが明らかにならない。 ⑥面接後、直ぐに文字興しする。場の雰囲気等、メモをとっておく。

| 附録2 | 実地調査の道具 |

　社会調査を行う際、どのような道具を用意しておけばよいか、特に初めての場合、想像がつきにくいと思われます。使用する道具は、インタビューやワークショップによる調査、質問紙（アンケート）、行動の観察などで異なっています。

　そこで、著者が普段の調査において使用している道具を紹介します。なお、電子機器については、必ず事前にリハーサルをし、操作に習熟しておく必要があります。

● 必ず用意する道具

・ボールペン

　著者は調査では必ず**消せない**ボールペンを使用します。近年、科学技術分野において実験データの改竄などが問題になっています。捏造や改竄は科学技術分野に限らず、社会調査においても予防すべきです。

　社会調査において、信頼できる一次情報はそのときその場で見聞きしたこと、そしてその記録です。この記録が改竄や捏造ではないことを主張する上で、**消せない**インクでノートに記述することは重要な要件です。書き間違えた場合は、ボールペン専用の消しゴムや修正液を使わず、二重線で消し、なにをどう間違えたかがわかるようにしておきます。

・ノート

　上述のボールペンの項で伸べたように、改竄や捏造ではないとを明らかにするという観点から、紙のノートは有効です。しかし、ルーズリーフのような差し替えのできるようなノートは順番を変更したりできることから、適切ではありません。普通の綴られたノートが望ましいと考えられます。

　また、最近、著者はノートタイプのホワイトボードをノートの代わりに使用しています。ホワイトボードは、後述するインタビューやワーク

ショップにおいても有用な道具であり、様々な調査に使用できるためです。このような場合、記述した内容はカメラ等で撮影し保存します。

● インタビュー調査の際に用意すべき道具
・IC レコーダ
　インタビューにおいて、相手の語ったことを、ノートに聞き取るだけではなく、音声で記録することは、後から聞きもらしたことを確認する上で有用です。また、特に社会調査の初学者にとっては、自分がどのように質問したかを振り返る際にも有効です。

　携帯電話やスマートフォンに録音機能がついている場合があります。しかし、携帯電話やスマートフォンは録音中に電話がかかってきてしまった場合に、録音がキャンセルされてしまったり、停止しまったりするので、専用の IC レコーダを使用することを強く推奨します。

　筆者は、人の声を録音することが目的の場合、高音質で録音できるものよりも、操作がシンプルで長時間動作するもの、録音データをコンピュータに取り込む際に、専用のソフトウェアが必要ではないものを選んで購入しています。初めて購入する際は、家電量販店などで販売員に相談すると良いでしょう。

　なお、録音する場合は、録音する旨を必ず回答者に説明し、同意を得る必要があります。

・大きな紙
　インタビューの際、回答者が全ての事柄を言葉で十分に説明できるとは限りません。そこで著者は回答者が書いて説明できるようにA3サイズのコピー用紙やノート、ホワイトボードなどを用意するようにしています。紙に記述された内容はそのままインタビューの記録の一部として保管します。ホワイトボードに対する記述は、カメラで撮影し、データとして保存します。

●質問紙調査の際に用意すべき道具
・調査内容についての説明資料
　質問紙調査において、街頭で見ず知らずの人に調査をする場合、調査の内容や回答内容の扱いについて説明することは必須です。しかしすべてを暗記して口頭で説明することは難しく、また回答者もすべて覚えていることはできません。そこで、必ず調査の目的や内容などについて回答者が後から確認できるように、説明資料を用意しましょう。分量は、A4用紙で1枚程度で十分です。

・ノートバインダー
　街頭などでインタビュー調査をする際、周囲に机などはないので、記述しやすくなるようにバインダーノートを用意しましょう。著者はペンを紐でくくりつけ、ペンの紛失を防いでいます。

●観察調査の際に用意すべき道具
・ビデオカメラ
　定点観察のような調査の場合、ビデオカメラでの長時間撮影は一般的に用いられる方法です。最近では、長時間撮影できるビデオカメラが低価格で販売されており、気軽に入手することができますが、価格以外にも重要な機能の要件があります。
　著者は新しいビデオカメラを購入する際には、下記の点に注意をしています。

機能	注意点
レンズ	一度に広い範囲が撮影できる広角レンズが搭載されていると便利です。
バッテリー	カメラを設置した場所に必ずしも電源があるとは限りません。連続動作時間が調査時間を充す必要があります。また、バッテリーの充電に時間がかかる場合は、交換バッテリーが必要となります。
三脚	カメラを安定して設置しておく上で三脚は必要不可欠です。なお、三脚は、特に高い位置から撮影しようとする場合、占有面積が大きくなるため、撮影場所を下見し、設置可能なサイズを十分に検討する必要があります。極端に軽い三脚はカメラを安定して支えられないことがあるので、多少重くてもカメラを安定して支えることができるものを選ぶ必要があります。
三脚用のアダプタ	カメラに三脚に固定するためのネジ穴が開いている場合は不要ですが、低価格のカメラの場合、専用の部品が必要となる場合があります。必ず確認し、必要な場合はあらかじめ購入しておく必要があります。
盗難防止ワイヤー	残念なことに撮影機材は盗難される可能性があります。盗難されないように常に誰かが監視しているべきですが、盗難はちょっとしたすきに発生します。そこで、盗難を抑止するために、盗難防止のワイヤーなどをカメラに取り付ける必要があります。

・カメラ（もしくはスマートフォンのカメラ機能）

　ビデオカメラは定点観測において有効ですが、目についたものをすばやく記録するといった目的には不向きです。このような場合に有効なのは、手元ですばやく取り出せ、撮影できるカメラやスマートフォンです。著者は、関心の対象となったものだけ接写するのではなく、周囲の状況や環境がわかる画像（引きの画像）も撮影するようにしています。

● ワークショップで用意すべき道具

・付箋紙

　ワークショップは様々な場面で導入される手法です。使用する道具は様々ですが、筆者は使う使わないに関わらず、必ず付箋紙を用意します。記述された内容の意味付けに差が生じないよう、付箋紙は必ず同じ色のものをたくさん用意します。なお著者は、「強粘着」の製品を使用するようにしています。

・サインペン
　付箋紙に記述される文字や絵は、離れたところからでもしっかりと読める必要があります。そこで、必ずサインペンを用意します。サインペンはワークショップの参加者に行きわたる分を用意します。

・台紙、ホワイトボード
　ワークショップで付箋紙を用いる場合、付箋紙の貼られた位置は重要な情報となります。そこで貼り付ける位置の制約をできるだけ少なくするため、大きな台紙を使用する必要があります。そこで著者は、壁などに貼ることができる大型の付箋紙をしばしば利用します。また、大型の台紙が用意できない場合は、教室等に設置されているホワイトボードを使用する場合もあります。
　なお、一般的なマナーとしてホワイトボードは使用後には消す必要があります。消す前に、必ずカメラで写真を撮影し、記録します。教室備え付けのペンはインクが切れていることがあるため、ホワイトボード用のペンは準備しておきます。

・セロハンテープ
　台紙に貼られた付箋紙をさらに固定するためにセロハンテープは便利な道具です。著者は付箋紙とセットで必ずワークショップに持参するようにしています。

| 附録 3 | 実地調査の「説明書」と「同意書」のサンプル |

「ケア提供者の負担を軽減する物流支援システム」の検証・評価
ご試乗および評価調査へのご協力のお願い

実施責任者
慶應義塾大学 医学部 精神・神経科学教室
教授：三村　將

1　研究目的

　病院内では、物品の搬送や管理の場面で、ケアスタッフの身体的・精神的な負担が大きくなっております。それを軽減する目的から我々は、主に「物品のピッキングカート（ピッキングする物品の種類と数量、運搬ルート等を視覚表示しミスが無い様にする）」、「物品搬送時の負担を軽減するアシストカート（搬送の時に物品の重さを感じさせないカート）」、「定数管理支援のシェルフラック（使用物品とその量が判りやすくなり、定数管理や保険請求管理を間違いなく行える）」から成る物流支援システムを試作致しました。本研究では、精神・神経科病棟のスタッフの皆様やSPDを担当される皆様にも試用して頂き、評価を得つつ製品のさらなる改善戦略をまとめることを目指しております。

2　研究協力の任意性と撤回の自由

　あくまでも本調査への協力は任意であり、途中での協力撤回も自由であることをお約束致します。

3　研究方法・研究協力事項

　3ヶ月間、本物流支援システムを精神・神経科病棟に試験導入致しますので、試用して頂きます。本物流支援システムは、共同研究機関の豊田自動織機の試作基準に従って、高い安全性を確保しております。しかし、試作のシステムであることも勘案して、期間中は研究スタッフ1名

が常にシステムの近くにいて動作を監視しておりますので、ご了承をお願い致します。また、試用しての印象や評価をお伺いしますのでご協力ください。具体的にはグループインタヴューを予定しております。

4　研究協力者にもたらされる利益および不利益
　試用するシステムの危険回避方法については、類似の試作開発の前例が無いため、研究協力機関の豊田自動織機が設けている物流自動運転車輌のリスク回避方法を基に、可能な限りの高い安全性を確保できるように努力しております。本研究の性質上、直接的に協力者へすぐに利益が派生するものではありません。しかし、多数の試用評価を得ることでコストパフォーマンス向上と共に病院内での労働負担軽減にも寄与し、医療機関全体に亘る利益が将来的に大きくなるものと予測します。

5　個人情報の保護
　すべての調査について、回答者の名前他の個人情報が特定されないように、記入された質問紙の原票は全て学部内でデータ入力を行い、鍵がついたロッカーで厳重に管理する事と致します。また被調査者個々の回答やデータが学会等での公的発表で公開されない旨、学部外に漏洩する事がない旨をお約束致します。以上によりデータを精神・神経科学教室外にデータが漏れる事を防止します。

6　研究終了後のデータ取扱の方針
　精神・神経科学教室の鍵つきのロッカー内で5年間保管し、5年後に溶解処理をさせて頂きます。

7　研究計画書等の開示
　調査の依頼時に、本研究（2012年9月－2015年3月）の計画と調査の意義の相関を説明致します。

8　協力者への結果の開示・研究成果の公表

　本調査の成果については、共同研究機関とも協議しながら関連の学会（ヒューマンインタフェース学会や日本看護技術学会等を想定）での外部発表を適宜計画しております。また慶應義塾内の広報の部門とも協議して、研究プロジェクトの紹介誌面の中でとり上げてもらうことを計画しております。さらに、本調査の結果を通して試作製品や量産製品が出来た際にはプレスリリースも実施予定です。なお、すべての結果公表の際に被調査者個人が特定されないように細心の注意を払う事に致します。

9　研究から生じる知的財産権の帰属

　研究から生じる知的財産権は、慶應義塾大学と株式会社豊田自動織機に帰属するものと致します。

10　研究終了後の試料取扱の方針

　本研究では、本項目にあてはまる事項はございません。

11　費用負担に関する事項

　本研究で、被調査者が負担する費用は一切ございません。

12　問い合わせ先

　調査担当者：西山敏樹（医学部および大学院システムデザイン・マネジメント研究科特任准教授）

　塾内内線：○○○○○

　携帯電話：○○○-○○○○-○○○○

　○○@○○.○○.jp

以　上

研究協力の同意書

慶應義塾大学
医 学 部 長 殿

　私は、「ケア提供者の負担を軽減する物流支援システムの研究・開発」の一環で行われる試用評価について、説明担当者より説明文書を用いて説明を受け、研究の目的及び方法、私が協力して行う以下の研究協力事項とその危険性等、下記の12項目について理解して研究の協力に同意致します。

　説明を受け理解した項目（□の中にご自分でレを付けて下さい。）
　　□1　研究目的
　　□2　研究協力の任意性と撤回の自由
　　□3　研究方法・研究協力事項
　　□4　研究協力者にもたらされる利益および不利益
　　□5　個人情報の保護
　　□6　研究終了後のデータ取扱の方針
　　□7　研究計画書等の開示
　　□8　協力者への結果の開示・研究成果の公表
　　□9　研究から生じる知的財産権の帰属
　　□10　研究終了後の試料取扱の方針
　　□11　費用負担に関する事項
　　□12　問い合わせ先

2014年　月　日

　　（署名または捺印）＿＿＿＿＿＿＿＿＿＿＿＿＿＿＿＿＿＿＿
　　住所　＿＿＿＿＿＿＿＿＿＿＿＿＿＿＿＿＿＿＿＿＿＿＿＿＿
　　電話（塾内内線可）＿＿＿＿＿＿＿＿＿＿＿＿＿＿＿＿＿＿

　　　　　　　　　研究責任者　　医学部精神・神経科学教室
　　　　　　　　　　　　　　　　　　教授：三村　將
　　　　　　　　　説明者　　　＿＿＿＿＿＿＿＿＿＿＿＿＿＿

附録4　参考文献リスト

飽戸弘『社会調査ハンドブック』日本経済新聞社、1987.
　いわゆるマーケティング・リサーチ（市場調査）を中心に、その理論を平易に解説している。

盛山和夫『社会調査法入門』有斐閣ブックス、2004.
　社会調査自体を社会学の研究全体の中に位置づけて解説する。社会学系の人におすすめ。

Tim May 著、中野正大訳『社会調査の考え方―論点と方法』世界思想社、2005.
　社会調査の論点と方法を広く、かつバランスよく解説しており中級者にも対応している。

谷富夫、芦田徹郎『よくわかる質的社会調査・技法編』ミネルヴァ書房、2009.
　インタビュー法に代表される質的データの収集方法、分析方法をわかりやすく説明する。

S. ヴォーン著、J.S. シューム著、J. シナグブ著、井下理監訳、田部井潤訳、柴原宜幸訳、『グループインタビューの技法』慶應義塾大学出版会、2000.
　グループインタビューの実施手順が詳細に示されており、初心者にもわかりやすくおすすめ。

梅沢伸嘉『実践グループインタビュー入門』ダイヤモンド社、1993.
　マーケティングという視点を重視して、グループインタビューのあり方を提示した文献。

佐藤郁哉『フィールドワークの技法―問いを育てる、仮説をきたえる』新曜社、2002.
　マニュアル化をしにくい、フィールドワークのポイントを効果的にまとめてある入門書。

あとがき

　本書を読み、調査の基礎、データ分析の基礎、発表の基礎が身に付いたことと思います。

　調査をしてデータを集め、それらを分析・考察して、発表資料にまとめることは、まさに基本的な学問的作法＝アカデミック・スキルズで、末永くみなさんにとって大切なものになるでしょう。こうした調査に基づくアカデミック・スキルズは、理論も大切ですがそれ以上に実践がものを言います。本書でも調査の事例や経験談を盛り込みましたが、まさに失敗は成功のもとであり、先輩の失敗とその解決方法を後輩諸君に伝えることも忘れないでほしいと思います。実はそういう失敗や経験談の知の伝承が大学では大事だとも思います。

　調べて、分析・考察し、成果を発表することは、本文中でも述べましたが、自分の考えを知ってもらい、さらなる自分の飛躍のチャンスにもつながります。それだけ意義深いことでありますが、逆にその分、十分慎重に行うことも要求されます。本文でも説明しましたが独りよがりにならず、常に研究室の教員やメンバーとのコミュニケーションを密にしつつ、色々な人の眼を含めながら誰もが回答しやすい調査を企画・実践し、データの考察、発表資料の制作までやり遂げましょう。三人よれば文殊の知恵とか毛利元就の「三本の矢」の話の通りで、複数人の眼を調査／分析・考察／発表の過程に入れていくことで、その質の向上が図れます。またそうしたメンバー相互の議論で、調査／分析・考察／発表に関して得られるものも増えていくでしょう。まさしく互学互得及び互学互教の実践がよいのです。

　本書が、読者のみなさまの調査／分析・考察／発表に関する互学互得及び互学互教の出発点になれば、望外の喜びです。是非みなさんも調査

ワールドをしっかり広げていってください。

　なお、末筆ながら本書をまとめるにあたり、慶應義塾大学出版会の佐藤聖様、木下優佳様から多数のご指導を頂きました。改めて心より御礼申し上げます。また、大学学部での調査法教育を有効に実践されている目白大学人間学部子ども学科の西山里利専任講師からも、多数の貴重なアドバイスを得ました。ここに改めて感謝の意を表させていただきます。

2015 年 8 月 1 日

著者を代表して
西山敏樹

著者略歴

西山敏樹（にしやま・としき）[第 1–3 章、第 6 章執筆]

1976 年東京生まれ。慶應義塾大学総合政策学部、同大学院政策・メディア研究科修士課程、後期博士課程を修了し、2003 年博士号（政策・メディア）取得。2005 年度から慶應義塾大学大学院政策・メディア研究科特別研究専任講師（現特任講師）、2012 年から慶應義塾大学大学院システムデザイン・マネジメント研究科特任准教授（医学部特任准教授兼担）、2015 年から東京都市大学都市生活学部、大学院環境情報学研究科都市生活学専攻准教授、慶應義塾大学 SFC 研究所上席所員、一般財団法人（国土交通省所轄管理）地域開発研究所客員研究員。専門は、公共交通・物流システム、ユニバーサルデザイン、社会調査法。様々な分野の大型公的プロジェクトの中心研究者を経験し、社会調査の経験が豊富。交通、特に公共交通の中でも内外のバスの事業・政策に精通する数少ない研究者の一人、交通や物流を中心とした未来社会システムのデザイン・マネジメント手法を実践的かつ学際的に研究している。日本イノベーション融合学会専務理事、ヒューマンインタフェース学会評議員など、学会の要職もつとめる。

常盤拓司（ときわ・たくじ）[第 4–5 章執筆]

慶應義塾大学大学院政策・メディア研究科修士課程修了。同博士課程退学。産業技術総合研究所特別研究員。日本科学未来館科学技術スペシャリスト、東京大学大学院新領域創成科学研究科特別研究員、同工学系研究科特任研究員、公立はこだて未来大学 CREST 研究員、合同会社アライアンス・ポート研究開発担当ディレクター、慶應義塾大学大学院システムデザイン・マネジメント研究科特任講師を経て、現在は慶應義塾大学大学院政策・メディア研究科特任准教授、慶應義塾大学 SFC 研究所上席所員（特任）。PUR（Public Understanding for Research）に関する企画設計・実施、研究プロジェクトのマネジメント、質的研究法による要求定義およびインタラクション評価、コンテンツ管理システムの開発などに携わる。

鈴木亮子（すずき・りょうこ）[第 3 章執筆]

日本女子大学大学院にて修士号（文学）取得後、南カリフォルニア大学にて M.A.（General Linguistics）を、カリフォルニア大学サンタバーバラ校にて Ph.D.（Linguistics）を取得（1999 年）。その間シンガポール国立大学で教鞭をとり 1998 年より慶應義塾大学経済学部にて主に英語・言語学を担当（2012 年より同学部教授）。専門は言語学（主として語用論・歴史語用論・相互行為言語学）。日常人々が交わす会話や語りを収集し、ある表現や構文などに着目し、言語の使い手が日々のやり取りの中でそれらを使いつつ文法的なパターンとして定着させてゆく過程を分析・記述している。現在は日本語の終助詞・形式名詞・いわゆる従属節とよばれる構文などの会話における機能的変遷、また会話に見られる定型性について研究している。国外研究者との共同研究も多い。

〔アカデミック・スキルズ〕
実地調査入門
――社会調査の第一歩

2015 年 9 月 30 日　初版第 1 刷発行
2018 年 11 月 30 日　初版第 2 刷発行

監　修─────慶應義塾大学教養研究センター
著　者─────西山敏樹・常盤拓司・鈴木亮子
発行者─────古屋正博
発行所─────慶應義塾大学出版会株式会社
　　　　　　〒108-8346　東京都港区三田 2-19-30
　　　　　　TEL〔編集部〕03-3451-0931
　　　　　　　　〔営業部〕03-3451-3584〔ご注文〕
　　　　　　　　〔　〃　〕03-3451-6926
　　　　　　FAX〔営業部〕03-3451-3122
　　　　　　振替　00190-8-155497
　　　　　　http://www.keio-up.co.jp/

装　丁─────廣田清子
組　版─────ステラ
印刷・製本───中央精版印刷株式会社
カバー印刷───株式会社太平印刷社

©2015 Toshiki Nishiyama, Takuji Tokiwa, Ryoko Suzuki
Printed in Japan　ISBN 978-4-7664-2256-6

慶應義塾大学出版会

アカデミック・スキルズ【第2版】
大学生のための知的技法入門

佐藤望編著／湯川武・横山千晶・近藤明彦著

2006年の初版刊行以来、計7万5000部以上のロングセラーとなっている大学生向け学習指南書の決定版。第2版では、より読みやすく章構成を再編し、各章末には、到達度がチェックできる「テスト」を付して実用性の向上を図った。　　　◎1,000円

アカデミック・スキルズ
データ収集・分析入門
社会を効果的に読み解く技法

慶應義塾大学教養研究センター監修／西山敏樹・鈴木亮子・大西幸周著　正しいデータ分析とは、どのようなものか？　研究者、大学生、大学院生、社会人に向けて、モラルや道徳を守りながら、人や組織の行動を決定づけるデータを収集・分析し、考察や提案にまとめる手法を紹介。　◎1,800円

表示価格は刊行時の本体価格（税別）です。